Todos los libros de Linkgua Ediciones cuentan con modelos de Inteligencia Artificial entrenados por hispanistas. Pregúntale al chat de tu libro lo que desees acerca de la obra o su autor/a.

Para ebooks: Accede a nuestro modelo de IA a través de este enlace.

Para libros impresos: Escanea el código QR de la portada con tu dispositivo móvil.

Obtén análisis detallados de nuestros libros, resúmenes, respuestas a tus preguntas y accede a nuestras ediciones críticas generativas para una experiencia de lectura más enriquecedora.
La transparencia y el respeto hacia la autoría de las fuentes utilizadas son distintivos básicos de nuestro proyecto. Por ello, las respuestas ofrecen, mediante un sistema de citas, las fuentes con las que han sido elaboradas.

Autores varios

# Relatos infantiles latinoamericanos

Edición de Velia Bosch

Barcelona 2024
Linkgua-ediciones.com

# Créditos

Título original: Relatos infantiles latinoamericanos.

© 2024, Red ediciones S.L.

e-mail: info@linkgua.com

Diseño de cubierta: Michel Mallard.

ISBN rústica ilustrada: 978-84-9953-829-7.
ISBN tapa dura: 978-84-1126-011-4.
ISBN ebook: 978-84-9007-393-3.

# Sumario

## Oscar Alfaro. El traje encantado

El pequeño príncipe era caprichoso y malo. Había que darle todos los gustos porque el rey, su padre, decía que no se le debe negar nada al hijo de un rey.

Un día, el príncipe ordenó:

—Que me traigan el arco y las flechas.

—¿Para qué? —preguntó su padre.

—Para hacer puntería sobre aquel pastor que está parado en la colina.

Pero al poco rato, vio al mago del reino, que entraba al pa— lacio con su traje brillante.

—¡Quiero ese traje!

—Es muy grande para ti —contestó el mago.

—A mí no me importa. Dámelo ahora mismo o pediré otra cosa, que será peor para ti.

—Pide más bien otra cosa.

—Pediré entonces tu piel, para hacerme unas botas.

El mago se puso pálido.

—Te daré mi traje —dijo, sacándoselo a toda velocidad.

Pero el príncipe ya no tenía interés en el traje.

—¡Tendré las botas de piel de hombre! ¡Nada se le puede negar al hijo del rey!

Y comenzó a dar unos gritos tan fuertes que vino corriendo el rey.

—¿Qué te pasa ahora?

—Quiero la piel del mago para hacerme unas botas.

—Bueno habrá que despellejado —dijo el rey con la mayor tranquilidad y tocó una campana, llamando a los verdugos.

Pero el mago se escapó del palacio por una ventana. El susto le puso alas en los pies y no lo pudieron alcanzar.

El príncipe estaba furioso, pero a las pocas horas volvió a interesarse por la ropa del mago. Se la probó y, aunque le quedaba muy grande, se paseó con ella por el corredor de los espejos, haciendo gestos de mago.

Pero, ¡cosa rara!, la ropa se estaba encogiendo.

—¡Quítatelo! No te olvides que es el traje de un mago... —le dijo el rey, asustado.

El príncipe tuvo miedo y trató de desvestirse, pero no pudo.

Su padre quiso ayudarlo, pero tampoco pudo. Ahora el traje estaba tan ajustado que apenas lo dejaba respirar. Y seguía encogiéndose. El príncipe empezó a gritar. El rey, desesperado, llamó a los hombres más forzudos de la guardia y les ordenó desvestir al príncipe, pero ninguno pudo.

—¡Rompan el traje! —gritó el rey. Pero nadie fue capaz de romperlo.

—Yo lo rasgaré con mi espada —dijo un oficial de la guardia. Pero la espada se hizo pedazos y el traje continuó encogiéndose. Finalmente, el príncipe cayó desmayado.

—¡Mi hijo se muere!.. ¡Auxilio! —gritaba el rey, con lágrimas en los ojos.

Entonces, el consejero del monarca dijo:

—Hagan volver al mago. Es el único que puede salvarlo.

Mil servidores, montados a caballo, salieron a buscar al mago y lo trajeron encadenado.

—¡Maldito, sácale ese traje al príncipe o te haré cortar la cabeza!... —rugió el rey.

Pero el traje se encogió más.

El rey sacó su espada y apuntó con ella a la garganta del mago.

—¡Por las malas no vas a conseguir nada! ¡Mira cómo se encoge el traje!...

Y el traje se encogió tanto que crujieron los huesos del príncipe.

—¡Piedad! —gritó el rey al ver aquello—. Salva a mi hijo y te haré el hombre más rico del reino!...

—Está bien que cambies de tono —dijo el mago, tranquilamente—. Pero las riquezas que me ofrece no salvarán al príncipe.

—Entonces ¿qué debo hacer para salvarlo?

—Remediar todo el daño que él hizo.

—Lo haré —dijo el rey—. Pero sálvalo.

—Yo no puedo salvarlo, todo depende de ti —contestó el mago.

Entonces el rey llamó a sus ministros.

—Ordeno que se remedien todos los daños que causó el príncipe a la gente del reino.

El traje dejó de encogerse, pero no volvió a su estado normal.

—¿Por qué no se estira, si ya ordené lo que pedías?

—Es que algunos males no tienen remedio.

—¡Entonces mi hijo morirá estrangulado por el maldito traje?

—No morirá. El traje se irá abriendo con cada buena obra que realices.

## Victor Eduardo Caro. Un drama en un corral

¿No saben ustedes lo que ha sucedido en un gallinero? Es horrible, horrible.

La que así hablaba era una gallina que se hallaba en un lugar a donde todavía no habían llegado los ecos de la tragedia.

—Sí —decía la gallina—; ¡es horrible! Tanto que no voy a poder pegar el ojo en toda la noche. Menos mal que somos muchas; si llego a estar sola, ¡qué miedo!

Y empezó a contar la terrible historia; y al cacarear, su voz temblaba de espanto, de tal modo que a las gallinas que le escuchaban se les erizaron las plumas, y al gallo que las acompañaba se le encogió la cresta.

Pero a lo mejor tampoco vosotros que me leéis, estáis al corriente de los acontecimientos. Empecemos, pues, por el principio.

La cosa sucedió en un gallinero situado en un barrio de la ciudad muy alejado de éste en que estábamos hace un momento.

Caía la tarde; el Sol se ponía y las gallinas tomaban sus posiciones para la noche.

Una de ellas, una gallina blanca, de patas cortas, que era una persona de lo más respetable que cabe, de esas que ponen su huevo con toda regularidad, en cuanto se hubo colocado en el sitio que le correspondía, se puso a rascarse, según solía hacer todas las noches antes de dormirse.

Al efectuar esta pequeña operación se le cayó una plumita.

—¡Vaya, una menos! —dijo. Y añadió:

—Aunque se me caigan algunas plumas, no por eso dejo de estar guapa.

Esto lo dijo con tono alegre, pues era una gallina de muy buen humor, siempre dispuesta a reír, a divertirse y a echarlo todo a broma, lo cual no impedía que, según ya hemos dicho, fuese una gallina perfectamente respetable.

Luego se quedó dormida.

Ya la oscuridad era profunda y las gallinas apretujadas unas contra otras, se iban durmiendo. Pero la que estaba junto a la gallina blanca, no se dormía. Había oído lo que dijo su vecina, pues ella sabía oír sin parecerlo.

Y le faltó tiempo para comunicárselo a su otra vecina; ahora que naturalmente lo varió un poco:

—¿Ha oído usted lo que acaban de decir? —le preguntó—. Yo no quiero nombrar a nadie, pero es el caso que aquí hay una gallina que se quiere quedar sin plumas para estar más guapa. ¡Qué atrocidad!

Precisamente encima del gallinero moraba la familia búho: el papá, la mamá y los pequeños búhos.

Tenían todos los oídos tan finos, que no perdieron una palabra de lo que dijo la gallina.

Sus ojos, que ya de por sí eran redondos, se redondearon más que de costumbre, y la mamá búho exclamó, abanicándose con las alas.

—¡No escuchéis esas cosas, hijos míos; demasiado sabéis ya. Lo he oído con mis propios oídos, y Dios sabe si en este mundo se oyen atrocidades antes de que a uno se le caigan las orejas de horror!

Y añadió, dirigiéndose a su esposo, el señor búho:

—¡Ya ves tú qué cosas pasan! Hay en el gallinero de abajo una gallina que se ha olvidado de la educación y de las conveniencias, hasta el punto de arrancarse las plumas para estar más guapa, sin duda para ver si así logra llamar la atención del gallo y que se case con ella.

—Ten cuidado —dijo el papá búho—; no son cosas para hablar las delante de los niños.

—Tienes razón —dijo la mamá búho— pero; al menos se lo iré a contar a la lechuza del frente; también ella me viene a contar todo lo que oye.

Y se fue volando.

—¡Huuuuuu! ¡Huuuuuu! Estuvieron charlando las dos comadres cerca de un palomar.

—¡Huuuuuu! ¡Huuuuuu! ¿se ha enterado usted?

Allí hay una gallina que se ha arrancado las plumas para ver si así pesca marido. ¡De fijo que lo que así pesca será una pulmonía! ¡Si es que no se ha muerto ya de frío! ¡Huuuuuu!

—¡Rrrrrucu! ¡Rrrrrrucu! —dijeron unos pichones al oírlas—. ¿Dónde ha sido eso? ¿Dónde, dónde?

—Ha sido en el corral del vecino —contestó una paloma que también había oído—. Tan seguro es, ¡como si lo hubiéramos visto con nuestros ojos! Da vergüenza contarlo, y sin embargo no cabe duda de que así es.

—¡Ah! ¡Claro que no cabe duda! ¡No cabe duda ninguna —dijeron los pichones.

Y se fueron con el cuento a otro corral; pero con el cuento un poquito corregido, naturalmente.

—Allí hay una gallina, y puede que sean dos, que ha tenido la desvergüenza de arrancarse todas las plumas para distinguirse de las demás, llamar la atención del gallo y casarse con él. ¡Han caído enfermas del frío!

—¡Kikirikí! ¡Kikirikí! —dijo el gallo de este gallinero; y volvió a encaramarse a lo alto de la tapia. Desde allí se puso a cantar:

—¡Tres gallinas se han muerto por haberse arrancado todas las plumas para agradar al gallo! ¡Qué horror! ¡Es preciso que todo el mundo se entere de esta historia!

—¡Sí, sí que se enteren, que se enteren! —silbaron los murciélagos. Y los gallos y las gallinas corearon:

—¡Que se enteren, que se enteren! De este modo la historia circuló de corral en corral, y cada vez aumentada un poco.

Así volvió al lugar de donde había salido. Pero en qué forma llegó, Dios santo.

—Cinco gallinas —decían— se habían propuesto cada una casarse con un gallo. Tan enamoradas de él estaban las cinco, que se arrancaron las plumas para demostrar lo flacas que se habían quedado. Cuando estuvieron completamente desplumadas, se pelearon, se hirieron a picotazos, se ensangrentaron y se mataron unas a otras. Sus respectivas familias están desesperadas; y más desesperado todavía está el dueño del corral, que ha perdido de un golpe cinco hermosas gallinas.

La gallina blanca a la que se le había caído una pluma, oyó esta trágica historia. Naturalmente como estaba «algo» desfigurada no la reconoció.

—Qué cosas pasan en el mundo, Señor —exclamó juntando sus patitas con indignación—. ¡Qué gallinas más locas! Gracias a Dios, en este corral nuestro no pueden suceder atrocidades semejantes. Pero es preciso que se entere todo el mundo de esta historia para que sirva de ejemplo. Y, tal como ella lo había oído, se lo refirió todo a cierta cotorra, que era la encargada de redactar la «Gaceta del Corral».

# Carmen Lyra. La cucarachita mandinga

Había una vez una Cucarachita Mandinga que estaba barriendo las gradas de la puerta de su casita, y se encontró un cinco.[1]

Se puso a pensar en qué emplearía el cinco.

¿Si compro un cinco de colorete?

—No, porque no me luche.[2]

—¿Si compro un sombrero?

—No, porque no me luche.

—¿Si compro unos aretes?

—No porque no me luchen.

—¿Si compro un cinco de cintas?

—Sí, porque sí me luchen.

Y se fue para las tiendas y compró un cinco de cintas; vino y se bañó, se empolvó, se peinó de pelo suelto, se puso un lazo en la cabeza y se fue a pasear a la Calle de la Estación. Allí buscó asiento.

Pasó un toro y viéndola tan compuesta, le dijo:

—Cucarachita Mandinga, te querés casar conmigo?

La Cucarachita le contestó:

—¿Y cómo hacés de noche?

—¡Mu... mu...!

La Cucarachita se tapó los oídos:

—No, porque me chutás.[3]

Pasó un perro e hizo la misma proposición.

—¿Y cómo hacés de noche? —le preguntó la Cucarachita.

—¡Guau... guau...!

—No, porque me chutás.

Pasó un gallo:

1   Cinco: moneda pequeña en tamaño y valor (centavo, puya).
2   Luche: por luce.
3   Chutás: por asustás (me asustas).

—Cucarachita Mandinga, ¿te querés casar conmigo?

—¿Y cómo hacés de noche?

—¡Qui qui ri quí!...

—No, porque me chutás.

Por fin pasó el Ratón Pérez.

A la Cucarachita se le fueron los ojos al verlo:

Parecía un figurín, porque andaba de leva,[4] tirolé[5] y bastón. Se acercó a la Cucarachita y le dijo con mil monedas:

—Cucarachita Mandinga, ¿te querés casar conmigo?

¿Y cómo hacés de noche?

—¡I, i, iii...!

A la Cucarachita le agradó aquel ruidito, se levantó de su asiento y se fueron de brasete.

Se casaron y hubo una gran parranda.

Al día siguiente la Cucarachita, que era muy mujer de su casa, estaba arriba desde que comenzaron las claras del día poniéndolo todo en su lugar.

Después de almuerzo puso al fuego una gran olla de arroz con leche, cogió dos tinajas que colocó una sobre la cabeza y otra en el cuadril, y se fue por agua.

Antes de salir dijo a su marido:

—Véame el fuego y cuidadito con golosear en esa olla de arroz con leche.

Pero apenas hubo salido su esposa, el Ratón Pérez le pasó el picaporte a la puerta y se fue a curiosear en la olla. Metió una manita y la sacó al punto:

—¡Carachas! ¡Que me quemo!

Metió la otra:

—¡Carachas! ¡Que me quemo!

Metió una pata:

4    Leva: levita, o cola de los trajes de etiqueta.
5    Tirolé: por tirolés, sombrero proveniente del Tirol.

—¡Carachas! ¡Que me quemo!

Metió la otra pata y salió bailando de dolor:

—¡Demontres de arroz con leche, para estar pelando!

Pero como eran muchas las ganas de golosear, acercó un banco al fuego y se subió a él para mirar dentro de la olla...

El arroz estaba hierve que hierve, y como la Cucarachita le había puesto queso en polvo y unas astillitas de canela, salía un olor que convidaba.

Ratón Pérez no pudo resistir y se inclinó para meter las narices entre aquel vaho que olía a gloria. Pero el pobre se resbaló... y cayó dentro de la olla.

Volvió la Cucarachita y se encontró con la puerta trancada. Tuvo que ir a hablarle a un carpintero para que viniera a abrirla. Cuando entró, el corazón le avisaba que había pasado una desgracia. Se puso a buscar a su marido por todos los rincones. Le dieron ganas de asomarse a la olla de arroz con leche... y ¡va viendo!... a su esposo bailando en aquel caldo.

La pobre se puso como loca y daba unos gritos que se oían en toda la cuadra. Los vecinos la consideraban, sobre todo al pensar que estaba tan recién casada. Mandó a traer un buen ataúd, metió dentro de él al difunto y lo colocó en media sala. Ella se sentó a llorar en el quicio de la puerta.

Pasó una palomita que le preguntó:

—Cucarachita Mandinga
¿por qué estás tan triste?

La Cucarachita le respondió:

—Porque Ratón Pérez
se cayó entre la olla,
y la Cucarachita Mandiga
lo gime y lo llora.

La palomita le dijo:

—Pues yo por ser palomita
me cortaré una alita.

Llegó la palomita al palomar que al verla sin una alita, le
preguntó:
—Palomita, ¿por qué te cortaste una alita?

—Porque Ratón Pérez se cayó entre la olla,
y la Cucarachita Mandinga
lo gime y lo llora...
Y yo por ser palomita
me corté una alita.

Entonces el palomar dijo:

—Pues yo por ser palomar
me quitaré el alar.

Pasó la reina y le preguntó:
—Palomar, ¿por qué te quitaste el alar?

—Porque Ratón Pérez
se cayó entre la olla,
y la Cucarachita Mandinga
lo gime y lo llora...
Y la palomita se cortó una alita...
Y yo por ser palomar
me quité mi alar.

La reina dijo:

—Pues yo por ser reina,
me cortaré una pierna.

Llegó la reina renqueando donde el rey, que le preguntó:
—Reina, ¿por qué te cortaste una pierna?

—Porque Ratón Pérez
se cayó entre la olla,
y la Cucarachita Mandinga
lo gime y lo llora...
Y la palomita
se cortó una alita,
el palomar
se quitó su alar,
y yo por ser reina,
me corté una pierna.

El rey dijo:

—Pues yo por ser rey,
me quitaré mi corona.

Pasó el rey sin corona por dónde el río, que le preguntó:
—Rey, ¿por qué vas sin corona?

—Porque Ratón Pérez
se cayó entre la olla,
y la Cucarachita Mandinga
lo gime y lo llora...
Y la palomita

se cortó una alita,
el palomar
se quitó el alar,
la reina
se cortó una pierna,
y yo por ser rey,
me quité la corona.

El río dijo:

—Pues yo por ser río,
me tiraré a secar.

Llegaron unas negras al río a llenar sus cántaros y al verlo
seco, le preguntaron:

—Río, ¿por qué estás seco?

—Porque Ratón Pérez
se cayó en la olla,
y la Cucarachita Mandinga
lo gime y lo llora...
Y la palomita
se cortó una alita,
el palomar
se quitó su alar,
la reina
se cortó una pierna,
el rey
se quitó su corona
y yo por ser río,
me tiré a secar...

Pues nosotras por ser negras, quebramos los cántaros.

Pasaba un viejito, quien al ver a las negras quebrar sus cántaros, les preguntó:

—¿Por qué quebráis los cántaros?

—Porque Ratón Pérez
se cayó entre la olla,
y la Cucarachita Mandinga
lo gime y lo llora...
Y la palomita
se cortó una alita,
el palomar
se quitó el alar,
la reina
se cortó una pierna,
y yo por ser rey,
me quité la corona.
el río
se tiró a secar
y nosotras por ser negras,
quebramos los cántaros.

El viejito dijo:
—Pues yo por ser viejito,
me degollaré.

Y se degolló.

•••

Entre tanto llegó la hora del entierro.

La Cucarachita quiso que fuera bien rumboso e hizo venir músicos que iban detrás del ataúd tocando. Los violines y los violones decían:

—¡Por jartón, por jartón,
por jartón
se cayó entre la olla!

Y me meto por un huequito y me salgo por otro para que uste des me cuenten otro.

## Marta Brunet. Historia del lobo cuando se enfermó

Resulta que una vez el señor Lobo estaba muy enfermo y nadie se comedía para ir a darle un traguito de agua ni para hacerle un remedio. El Lobo era el mismo que se encontró en el bosque Caperucita Roja, el que se fue a la casa de la Abuelita, se la comió, se vistió con su ropa y después esperó metido en la cama que llegara la niña para decirle que entrara, que las orejas le habían crecido para oír mejor y que los dientes eran tan grandes para mejor comérsela.

Bueno, todo esto ya lo saben ustedes.

Pero no saben que después que llegó el leñador, cuando ya el mal Lobo se había comido a Caperucita Roja, y que abrió la guata⁶ del Lobo y sacó de su estómago a la viejecita aterrada y a la niña muy tranquila, ésta hizo que aquélla, muy ducha en medicinas, cosiera el animal dañino y con ciertos emplastos de hierbas de la montaña lograra que las heridas cicatrizaran y volviera el Lobo a su cubil, arrepentido y contrito, dispuesto por solemne promesa a nunca más comerse a las niñitas que atraviesan el bosque, ni a las abuelitas que las esperan en la cama rezando el rosario.

El Lobo cumplió su promesa. Pero no por eso dejó de comer corderitos y otros indefensos animalillos. Y siempre era él muy temido y odiado. Y es claro, cuando se enfermó gravemente, nadie quería ir a darle un poquito de agua ni a hacerle un remedio.

Y resulta que entonces el Lobo empezó a dar unos grandes ¡ayes! de dolor, de hambre y de miedo, porque creía que de un momento a otro iba a morirse solito en su abandono. Y el Eco —que ya saben ustedes que es muy bueno para repetir recados— se fue corriendo a contarle lo que pasaba a Ca-

---

6 Guata: barriga.

perucita Roja, que estaba ese día terminando de bordar un cubrepiés que le iba a regalar a su Abuelita.

Y como ya saben ustedes que la niña está llena de bondad, pues inmediatamente que supo la noticia se puso su capa roja, de la cual le venía el llamarla como todos la llamamos. Y muy ligero se fue por el bosque hasta llegar a casa de la Abuelita y pedirle que la acompañara a ver al Lobo enfermo.

Y resulta que juntas y con el canastito en que la Abuelita guardaba sus hierbas medicina les, atravesaron el bosque, camino del cubil del Lobo.

Este estaba hecho un grito, con un dolor terrible en el costado, porque lo que tenía era gripe.

Los Animales del bosque las vieron pasar, llenos de aprensión[7] sabiendo que iban tan deprisa por ver al Lobo. El Eco había contado la noticia a todo el mundo. Y como las buenas acciones dejan siempre surco, tras los pasos de la Abuelita y Caperucita Roja se fueron todos a ver cómo estaba el enfermo, un poco novedosos y otro poco deseosos de servir.

Y resulta que cuando llegaron al cubil del Lobo iba tras ella una verdadera procesión, que encabezaba la señora Zorra, siguiéndola la señora Rata del Campo, el señor Culpeo, la Sapa-Verde, la Sapita Cua-Cua, el jote-Calchón y muchos amigos nuestros, todos en fila india para no molestarse unos a otros.

Bueno. ¡Hay que ver cómo estaba todo sucio en el cubil del Lobo y cómo estaba éste de enfermo! Inmediatamente Caperucita Roja se puso a barrer y a limpiar. Y la Abuelita se puso a preparar sus remedios. Pero aquí fue lo lindo: cada uno de los Animales que venían detrás de ellas quiso ayudar en algo, y la señora Zorra del Campo con su larga cola se puso a barrer, y el jote-Calchón y sus niños sacaron la ba-

7  Aprensión: temor.

sura, y la Sapa-Verde y los Sapitos-Guainas echaron agua en el suelo, y los Chincoles trajeron hierbitas suaves para hacer una cama nueva, y así cada uno ayudó en la medida de sus fuerzas y al poco rato el cubil del Lobo era una verdadera casa, limpia y todo.

Y entonces la Abuelita le puso una cataplasma y le dio una taza de tilo, y ya el Lobo empezó a sentirse mejor. Y como se quejara de frío, pues nada menos que las señoras Ovejas del Prado vinieron a acurrucarse a su lado para darle calor con su lana.

Y el Lobo estaba cada vez mejor y en esto se quedó dormido, dando unos tremendos ronquidos, que tenían muertas de risa a las Cachañas, que ya saben ustedes que son muy alegres.

Así pasó un largo rato, y era casi media tarde cuando el Lobo despertó muy contento, porque ya se había mejorado. Caperucita Roja y la Abuelita le dijeron lo que habían hecho por él los Animales y entonces el Lobo dijo que él iba a ser el Lobo Bueno, y que todos iban a ser sus amigos desde ese día.

Y cumplió su promesa, y murió de viejo, cuidado por todos sus compañeros del bosque y por los hijos de Caperucita Roja, que eran sus más queridos amigos.

# José Martí. Meñique

(Del francés, de Laboulaye)
Cuento de magia, donde se relata la historia del sabichoso
Meñique, y se ve que el saber vale más que la fuerza.

## I

En un país muy extraño vivió hace mucho tiempo un campesino que tenía tres hijos: Pedro, Pablo y Juancito. Pedro era gordo y grande, de cara colorada, y de pocas entendederas; Pablo era canijo y paliducho, lleno de envidias y de celos; Juancito era lindo como una mujer, y más ligero que un resorte, pero tan chiquitín que se podía esconder en una bota de su padre. Nadie le decía Juan, sino Meñique.

El campesino era tan pobre que había fiesta en la casa cuando traía alguno un centavo. El pan costaba mucho, aunque era pan negro; y no tenían cómo ganarse la vida. En cuanto los tres hijos fueron bastante crecidos, el padre les rogó por su bien que salieran de su choza infeliz, a buscar fortuna por el mundo. Les dolió el corazón de dejar solo a su padre viejo, y decir adiós para siempre a los árboles que habían sembrado, a la casita en que habían nacido, al arroyo donde bebían el agua en la palma de la mano. Como a una legua de allí tenía el rey del país un palacio magnífico, todo de madera, con veinte balcones de roble tallado, y seis ventanitas. Y sucedió que de repente, en una noche de mucho calor, salió de la tierra, delante de las seis ventanas, un roble enorme con ramas tan gruesas y tanto follaje que dejó a oscuras el palacio del rey. Era un árbol encantado, y no había hacha que pudiera echarlo a tierra, porque se le mellaba el filo en lo duro del tronco, y por cada rama que le cortaban salían dos. El rey ofreció dar tres sacos llenos de pesos a quien le quitara de encima al palacio aquel arbolón; pero allí se estaba el roble, echando ramas y raíces, y el rey tuvo que conformarse con encender luces de día.

Y eso no era todo. Por aquel país, hasta de las piedras del camino salían los manantiales; pero en el palacio no había agua. La gente del palacio se lavaba las manos con cerveza y se afeitaba con miel. El rey había prometido hacer marqués y dar muchas tierras y dinero al que abriese en el patio del castillo un pozo donde se pudiera guardar agua para todo el año. Pero nadie se llevó el premio, porque el palacio estaba en una roca, y en cuanto se escarbaba la tierra de arriba, salía debajo la capa de granito. Como una pulgada nada más había de tierra floja.

Los reyes son caprichosos, y este reyecito quería salirse con su gusto. Mandó pregoneros que fueran clavando por todos los pueblos y caminos de su reino el cartel sellado con las armas reales, donde ofrecía casar a su hija con el que cortara el árbol y abriese el pozo, y darle, además, la mitad de sus tierras. Las tierras eran de lo mejor para sembrar, y la princesa tenía fama de inteligente y hermosa; así es que empezó a venir de todas partes un ejército de hombres forzudos, con el hacha al hombro y el pico al brazo. Pero todas las hachas se mellaban contra el roble, y todos los picos se rompían contra la roca.

## II

Los tres hijos del campesino oyeron el pregón, y tomaron el camino del palacio, sin creer que iban a casarse con la princesa, sino que encontrarían entre tanta gente algún trabajo.

Los tres iban anda que anda, Pedro siempre contento, Pablo hablándose solo, y Meñique saltando de acá para allá, metiéndose por todas las veredas y escondrijos, viéndolo todo con sus ojos brillantes de ardilla. A cada paso tenía algo nuevo que preguntar a sus hermanos: que por qué las abejas metían la cabecita en las flores, que por qué las golondrinas volaban tan cerca del agua, que por qué no volaban derecho las mariposas. Pedro se echaba a reír, y Pablo se encogía de hombros y lo mandaba callar.

Caminando, caminando, llegaron a un pinar muy espeso que cubría todo un monte, y oyeron un ruido grande, como de un hacha, y de árboles que caían allá en lo más alto.

—Yo quisiera saber por qué andan allá arriba cortando leña —dijo Meñique.

—Todo lo quiere saber el que no sabe nada —dijo Pablo, medio gruñendo.

—Parece que este muñeco no ha oído nunca cortar leña —dijo Pedro, torciéndole el cachete a Meñique de un buen pellizco.

—Yo voy a ver lo que hacen allá arriba —dijo Meñique.

—Anda, ridículo, que ya bajarás bien cansado, por no creer lo que te dicen tus hermanos mayores.

Y de ramas en piedras, gateando y saltando, subió Meñique por donde venía el sonido. Y ¿qué encontró Meñique en lo alto del monte? Pues un hacha encantada, que cortaba sola, y estaba echando abajo un pino muy recio.

—Buenos días, señora hacha —dijo Meñique— ¿no está cansada de cortar tan solita ese árbol tan viejo?

—Hace muchos años, hijo mío, que estoy esperando por ti —respondió el hacha.

—Pues aquí me tiene —dijo Meñique.

Y sin ponerse a temblar, ni preguntar más, metió el hacha en su gran saco de cuero, y bajó el monte, brincando y cantando.

—¿Qué vio allá arriba el que todo lo quiere saber? —preguntó Pablo, sacando el labio de abajo, y mirando a Meñique como una torre a un alfiler.

—Pues el hacha que oíamos —le contestó Meñique.

—Ya ve el chiquitín la tontería de meterse por nada en esos sudores —le dijo Pedro el gordo.

A poco andar ya era de piedra todo el camino, y se oyó un ruido que venía de lejos, como de un hierro que golpease en una roca.

—Yo quisiera saber quién anda allá lejos picando piedras —dijo Meñique.

—Aquí está un pichón que acaba de salir del huevo, y no ha oído nunca al pájaro carpintero picoteando en un tronco —dijo Pablo.

—Quédate con nosotros, hijo, que eso no es más que el pájaro carpintero que picotea en un tronco —dijo Pedro.

—Yo voy a ver lo que pasa allá lejos.

Y aquí de rodillas, y allá medio a rastras, subió la roca Meñique, oyendo como se reían a carcajadas Pedro y Pablo. ¿Y qué encontró Meñique allá en la roca? Pues un pico encantado, que picaba solo, y estaba abriendo la roca como si fuese mantequilla.

—Buenos días, señor pico —dijo Meñique— ¿no está cansado de picar tan solito en esa roca vieja?

—Hace muchos años, hijo mío, que estoy esperando por ti —respondió el pico.

—Pues aquí me tiene —dijo Meñique.

Y sin pizca de miedo le echó mano al pico, lo sacó del mango, los metió aparte en su gran saco de cuero, y bajó por aquellas piedras, retozando y cantando.

—¿Y qué milagro vio por allá su señoría? —preguntó Pablo, con los bigotes de punta.

—Era un pico lo que oímos —respondió Meñique, y siguió andando sin decir más palabra.

Más adelante encontraron un arroyo, y se detuvieron a beber, porque era mucho el calor.

—Yo quisiera saber —dijo Meñique— de dónde sale tanta agua en un valle tan llano como éste.

—¡Grandísimo pretencioso —dijo Pablo— que en todo quiere meter la nariz! ¿No sabes que los manantiales salen de la tierra?

—Yo voy a ver de dónde sale esta agua.

Y los hermanos se quedaron diciendo picardías; pero Meñique echó a andar por la orilla del arroyo, que se iba estrechando, estrechando, hasta que no era más que un hilo. Y ¿qué encontró Meñique cuando llegó al fin? Pues una cáscara de nuez encantada, de donde salía a borbotones el agua clara chispeando al Sol.

—Buenos días, señor arroyo —dijo Meñique— ¿no está cansado de vivir tan solito en su rincón, manando agua?

—Hace muchos años, hijo mío, que estoy esperando por ti —respondió el arroyo.

—Pues aquí me tiene —dijo Meñique.

Y sin el menor susto tomó la cáscara de nuez, la envolvió bien en musgo fresco para que no se saliera el agua, la puso en su gran saco de cuero, y se volvió por donde vino, saltando y cantando.

—¿Ya sabes de dónde viene el agua? —le gritó Pedro.

—Sí, hermano; viene de un agujerito.

—¡Oh, a este amigo se lo come el talento! ¡Por eso no crece! —dijo Pablo, el paliducho.

—Yo he visto lo que quería ver, y sé lo que quería saber —se dijo Meñique a sí mismo. Y siguió su camino, frotándose las manos.

## III

Por fin llegaron al palacio del rey. El roble crecía más que nunca, el pozo no lo habían podido abrir, y en la puerta estaba el cartel sellado con las armas reales, donde prometía el rey casar a su hija y dar la mitad de su reino a quienquiera que cortase el roble y abriese el pozo, fuera señor de la corte, o vasallo acomodado, o pobre campesino. Pero el rey, cansado de tanta prueba inútil, había hecho clavar debajo del cartelón otro cartel más pequeño, que decía con letras coloradas:

«Sepan los hombres por este cartel, que el rey y señor, como buen rey que es, se ha dignado mandar que le corten las orejas debajo del mismo roble al que venga a cortar el árbol o abrir el pozo, y no corte, ni abra; para enseñarle a conocerse a sí mismo y a ser modesto, que es la primera lección de la sabiduría.»

Y alrededor de este cartel había clavadas treinta orejas sanguinolentas, cortadas por la raíz de la piel a quince hombres que se creyeron más fuertes de lo que eran.

Al leer este aviso, Pedro se echó a reír, se retorció los bigotes, se miró los brazos, con aquellos músculos que parecían cuerdas, le dio al hacha dos vuelos por encima de su cabeza, y de un golpe echó abajo una de las ramas más gruesas del árbol maldito. Pero enseguida salieron dos ramas poderosas en el punto mismo del hachazo, y los soldados del rey le cortaron las orejas sin más ceremonia.

—¡Inutilón! —dijo Pablo, y se fue al tronco, hacha en mano, y le cortó de un golpe una gran raíz. Pero salieron dos raíces enormes en vez de una.

Y el rey furioso mandó que le cortaran las orejas a aquel que no quiso aprender en la cabeza de su hermano.

Pero a Meñique no se le achicó el corazón, y se le echó al roble encima.

—¡Quítenme a ese enano de ahí! —dijo el rey— ¡y si no se quiere quitar, córtenle las orejas!

—Señor rey, tu palabra es sagrada. La palabra de un hombre es ley, señor rey. Yo tengo derecho por tu cartel a probar mi fortuna. Ya tendrás tiempo de cortarme las orejas, si no corto el árbol.

—Y la nariz te la rebanarán también, si no lo cortas.

Meñique sacó con mucha faena el hacha encantada de su gran saco de cuero. El hacha era más grande que Meñique. Y Meñique le dijo:

—¡Corta, hacha, corta!

Y el hacha cortó, tajó, astilló, derribó las ramas, cercenó el tronco, arrancó las raíces, limpió la tierra en redondo, a derecha y a izquierda, y tanta leña apiló del árbol en trizas, que el palacio se calentó con el roble todo aquel invierno.

Cuando ya no quedaba del árbol una sola hoja, Meñique fue donde estaba el rey sentado junto a la princesa, y los saludó con mucha cortesía.

—¿Dígame el rey ahora dónde quiere que le abra el pozo su criado? Y toda la corte fue al patio del palacio con el rey, a ver abrir el pozo. El rey subió a un estrado más alto que los asientos de los demás; la princesa tenía su silla en un escalón más bajo, y miraba con susto a aquel hominicaco que le iban a dar para marido.

Meñique, sereno como una rosa, abrió su gran saco de cuero, metió el mango en el pico, lo puso en el lugar que marcó el rey, y le dijo:

—¡Cava, pico, cava!

Y el pico empezó a cavar, y el granito a saltar en pedazos, y en menos de un cuarto de hora quedó abierto un pozo de cien pies.

—¿Le parece a mi rey que este pozo es bastante hondo?

—Es hondo; pero no tiene agua.

—Agua tendrá —dijo Meñique.

Metió el brazo en el gran saco de cuero, le quitó el musgo a la cáscara de nuez, y puso la cáscara en una fuente que habían llenado de flores. Y cuando ya estaba bien dentro de la tierra, dijo:

—¡Brota, agua, brota!

Y el agua empezó a brotar por entre las flores con un suave murmullo refrescó el aire del patio, y cayó en cascadas tan abundantes que al cuarto de hora ya el pozo estaba lleno, y fue preciso abrir un canal que llevase afuera el agua sobrante.

—Y ahora —dijo Meñique, poniendo en tierra una rodilla— ¿cree mi rey que he hecho todo lo que me pedía?

—Sí, marqués Meñique —respondió el rey— y te daré la mitad de mi reino; o mejor, te compraré en lo que vale tu mitad, con la contribución que les voy a imponer a mis vasallos, que se alegrarán mucho de pagar porque su rey y señor tenga agua buena; pero con mi hija no te puedo casar, porque ésa es cosa en que yo solo no soy dueño.

—¿Y qué más quiere que haga, rey? —dijo Meñique, parándose en las puntas de los pies, con la manecita en la cadera, y mirando a la princesa cara a cara.

—Mañana se te dirá, marqués Meñique —le dijo el rey— vete ahora a dormir a la mejor cama de mi palacio.

Pero Meñique, en cuanto se fue el rey, salió a buscar a sus hermanos, que parecían dos perros ratoneros, con las orejas cortadas.

—Díganme, hermanos, si no hice bien en querer saberlo todo, y ver de dónde venía el agua.

—Fortuna no más, fortuna —dijo Pablo—. La fortuna es ciega, y favorece a los necios.

—Hermanito —dijo Pedro— con orejas o desorejado creo que está muy bien lo que has hecho, y quisiera que llegara aquí papá para que te viese.

Y Meñique se llevó a dormir a camas buenas a sus dos hermanos, a Pedro y a Pablo.


## IV

El rey no pudo dormir aquella noche. No era el agradecimiento lo que le tenía despierto, sino el disgusto de casar a su hija con aquel picolín que cabía en una bota de su padre. Como buen rey que era, ya no quería cumplir lo que prometió; y le estaban zumbando en los oídos las palabras del marqués Meñique: «Señor rey, tu palabra es sagrada. La palabra de un hombre es ley, rey».

Mandó el rey a buscar a Pedro y a Pablo, porque ellos no más le podían decir quiénes eran los padres de Meñique, y si era Meñique persona de buen carácter y de modales finos, como quieren los suegros que sean sus yernos, porque la vida sin cortesía es más amarga que la cuasia y que la retama.

Pedro dijo de Meñique muchas cosas buenas, que pusieron al rey de mal humor; pero Pablo dejó al rey muy contento, porque le dijo que el marqués era un pedante aventurero, un trasto con bigotes, una uña venenosa, un garbanzo lleno de ambición, indigno de casarse con señora tan principal como la hija del gran rey que le había hecho la honra de cortarle las orejas:

—Es tan vano ese macacuelo —dijo Pablo— que se cree capaz de pelear con un gigante. Por aquí cerca hay uno que tiene muerta de miedo a la gente del campo, porque se les lleva para sus festines todas sus ovejas y sus vacas. Y Meñique no se cansa de decir que él puede echarse al gigante de criado.

—Eso es lo que vamos a ver —dijo el rey satisfecho. Y durmió muy tranquilo lo que faltaba de la noche. Y dicen que sonreía en sueños, como si estuviera pensando en algo agradable.

En cuanto salió el Sol, el rey hizo llamar a Meñique delante de toda su corte. Y vino Meñique fresco como la mañana, risueño como el cielo, galán como una flor.

—Yerno querido —dijo el rey— un hombre de tu honradez no puede casarse con mujer tan rica como la princesa, sin ponerle casa grande, con criados que la sirvan como se debe servir en el palacio real. En este bosque hay un gigante de veinte pies de alto, que se almuerza un buey entero, y cuando tiene sed al mediodía se bebe un melonar. Figúrate qué hermoso criado no hará ese gigante con un sombrero de tres picos, una casaca galoneada, con charreteras de oro, y una alabarda de quince pies. Ese es el regalo que te pide mi hija antes de decidirse a casarse contigo.

—No es cosa fácil —respondió Meñique— pero trataré de regalarle el gigante, para que le sirva de criado, con su alabarda de quince pies, y su sombrero de tres picos, y su casaca galoneada, con charreteras de oro.

Se fue a la cocina; metió en el gran saco de cuero el hacha encantada, un pan fresco, un pedazo de queso y un cuchillo; se echó el saco a la espalda, y salió andando por el bosque, mientras Pedro lloraba, y Pablo reía, pensando en que no volvería nunca su hermano del bosque del gigante.

En el bosque era tan alta la yerba que Meñique no alcanzaba a ver, y se puso a gritar a voz en cuello: «¡Eh, gigante, gigante! ¿Dónde anda el gigante? Aquí está Meñique, que viene a llevarse al gigante muerto o vivo».

—Y aquí estoy yo —dijo el gigante, con un vozarrón que hizo encogerse a los árboles de miedo— aquí estoy yo, que vengo a tragarte de un bocado.

—No estés tan deprisa, amigo —dijo Meñique, con una vocecita de flautín— no estés tan deprisa, que yo tengo una hora para hablar contigo.

Y el gigante volvía a todos lados la cabeza, sin saber quién le hablaba, hasta que le ocurrió bajar los ojos, y allá abajo, pequeñito como un pitirre, vio a Meñique sentado en un tronco, con el gran saco de cuero entre las rodillas.

—¿Eres tú, grandísimo pícaro, el que me has quitado el sueño? —dijo el gigante, comiéndoselo con los ojos que parecían llamas.

—Yo soy, amigo, yo soy, que vengo a que seas criado mío.

—Con la punta del dedo te voy a echar allá arriba en el nido del cuervo, para que te saque los ojos, en castigo de haber entrado sin licencia en mi bosque.

—No estés tan deprisa, amigo, que este bosque es tan mío como tuyo; y si dices una palabra más, te lo echo abajo en un cuarto de hora.

—Eso quisiera ver —dijo el gigantón.

Meñique sacó su hacha, y le dijo:

—¡Corta, hacha, corta!

Y el hacha cortó, tajó, astilló, derribó ramas, cercenó troncos, arrancó raíces, limpió la tierra en redondo, a derecha y a izquierda, y los árboles caían sobre el gigante como cae el granizo sobre los vidrios en el temporal.

—Para, para —dijo asustado el gigante— ¿quién eres tú, que puedes echarme abajo mi bosque?

—Soy el gran hechicero Meñique, y con una palabra que le diga a mi hacha te corta la cabeza. Tú no sabes con quién estás hablando. ¡Quieto donde estás!

Y el gigante se quedó quieto, con las manos a los lados, mientras Meñique abría su gran saco de cuero, y se puso a comer su queso y su pan.

—¿Qué es eso blanco que comes? —preguntó el gigante, que nunca había visto queso.

—Piedras como no más, y por eso soy más fuerte que tú, que comes la carne que engorda. Soy más fuerte que tú. Enséñame tu casa.

Y el gigante, manso como un perro, echó a andar por delante, hasta que llegó a una casa enorme, con una puerta donde cabía un barco de tres palos, y un balcón como un teatro vacío.

—Oye —le dijo Meñique al gigante— uno de los dos tiene que ser amo del otro. Vamos a hacer un trato. Si yo no puedo hacer lo que tú hagas, yo seré criado tuyo; si tú no puedes hacer lo que haga yo, tú serás mi criado.

—Trato hecho —dijo el gigante— me gustaría tener de criado un hombre como tú, porque me cansa pensar, y tú tienes cabeza para dos. Vaya, pues; ahí están mis dos cubos: ve a traerme el agua para la comida.

Meñique levantó la cabeza y vio los dos cubos, que eran como dos tanques, de diez pies de alto, y seis pies de un borde a otro. Más fácil le era a Meñique ahogarse en aquellos cubos que cargarlos.

—¡Hola! —dijo el gigante, abriendo la boca terrible— a la primera ya estás vencido. Haz lo que yo hago, amigo, y cárgame el agua.

—¿Y para qué la he de cargar? —dijo Meñique—. Carga tú, que eres bestia de carga. Yo iré donde está el arroyo, y lo traeré en brazos, y te llenaré los cubos, y tendrás tu agua.

—No, no —dijo el gigante— que ya me dejaste el bosque sin árboles, y ahora me vas a dejar sin agua que beber. Enciende el fuego, que yo traeré el agua.

Meñique encendió el fuego, y en el caldero que colgaba del techo fue echando el gigante un buey entero, cortado en pedazos, y una carga de nabos, y cuatro cestos de zanahorias, y cincuenta coles. Y de tiempo en tiempo espumaba el guiso con una sartén, y lo probaba, y le echaba sal y tomillo, hasta que lo encontró bueno.

—A la mesa, que ya está la comida —dijo el gigante— y a ver si haces lo que hago yo, que me voy a comer todo este buey, y te voy a comer a ti de postres.

—Está bien, amigo —dijo Meñique. Pero antes de sentarse se metió debajo de la chaqueta la boca de su gran saco de cuero, que le llegaba del pescuezo a los pies.

Y el gigante comía y comía, y Meñique no se quedaba atrás, solo que no echaba en la boca las coles, y las zanahorias, y los nabos, y los pedazos del buey, sino en el gran saco de cuero.

—¡Uf! ¡ya no puedo comer más! —dijo el gigante— tengo que sacarme un botón del chaleco.

—Pues mírame a mí, gigante infeliz —dijo Meñique, y se echó una col entera en el saco.

—¡Uha! —dijo el gigante— tengo que sacarme otro botón. ¡Qué estómago de avestruz tiene este hombrecito! Bien se ve que estás hecho para comer piedras.

—Anda, perezoso —dijo Meñique— come como yo —y se echó en el saco un gran trozo de buey.

—¡Paff! —dijo el gigante— se me saltó el tercer botón: ya no me cabe un chícharo: ¿cómo te va a ti, hechicero?

—¿A mí? —dijo Meñique— no hay cosa más fácil que hacer un poco de lugar.

Y se abrió con el cuchillo de arriba abajo la chaqueta y el gran saco de cuero.

—Ahora te toca a ti —dijo al gigante— haz lo que yo hago.

—Muchas gracias —dijo el gigante—. Prefiero ser tu criado. Yo no puedo digerir las piedras.

Besó el gigante la mano de Meñique en señal de respeto, se lo sentó en el hombro derecho, se echó al izquierdo un saco lleno de monedas de oro, y salió andando por el camino del palacio.

## V

En el palacio estaban de gran fiesta, sin acordarse de Meñique, ni de que le debían el agua y la luz; cuando de repente oyeron un gran ruido, que hizo bailar las paredes, como si una mano portentosa sacudiese el mundo. Era el gigante, que no cabía por el portón, y lo había echado abajo de un puntapié. Todos salieron a las ventanas a averiguar la causa de aquel ruido, y vieron a Meñique sentado con mucha tranquilidad en el hombro del gigante, que tocaba con la cabeza el balcón donde estaba el mismo rey. Saltó al balcón Meñique, hincó una rodilla delante de la princesa y le habló así: «Princesa y dueña mía, tú deseabas un criado y aquí están dos a tus pies».

Este galante discurso, que fue publicado al otro día en el diario de la corte, dejó pasmado al rey, que no halló excusa que dar para que no se casara Meñique con su hija.

—Hija —le dijo en voz baja— sacrifícate por la palabra de tu padre el rey.

—Hija de rey o hija de campesino —respondió ella— la mujer debe casarse con quien sea de su gusto. Déjame, padre, defenderme en esto que me interesa. Meñique —siguió diciendo en alta voz la princesa— eres valiente y afortunado, pero eso no basta para agradar a las mujeres.

—Ya lo sé, princesa y dueña mía; es necesario hacerles su voluntad, y obedecer sus caprichos.

—Veo que eres hombre de talento —dijo la princesa—. Puesto que sabes adivinar tan bien, voy a ponerte una última prueba, antes de casarme contigo. Vamos a ver quién es más inteligente, si tú o yo. Si pierdes, quedo libre para ser de otro marido.

Meñique la saludó con gran reverencia. La corte entera fue a ver la prueba a la sala del trono, donde encontraron al gigante sentado en el suelo con la alabarda por delante y el sombrero en las rodillas, porque no cabía en la sala de lo alto que era. Meñique le hizo una seña, y él echó a andar acurrucado, tocando el techo con la espalda y con la alabarda a rastras, hasta que llegó donde estaba Meñique, y se echó a sus pies, orgulloso de que vieran que tenía a hombre de tanto ingenio por amo.

—Empezaremos con una bufonada —dijo la princesa—. Cuentan que las mujeres dicen muchas mentiras. Vamos a ver quien de los dos dice una mentira más grande. El primero que diga: «¡Eso es demasiado!», pierde.

—Por servirte, princesa y dueña mía, mentiré de juego y diré la verdad con toda el alma.

—Estoy segura —dijo la princesa— de que tu padre no tiene tantas tierras como el mío. Cuando dos pastores tocan el cuerno en las tierras de mi padre al anochecer, ninguno de los dos oye el cuerno del otro pastor.

—Eso es una bicoca —dijo Meñique—. Mi padre tiene tantas tierras que una ternerita de dos meses que entra por una punta es ya vaca lechera cuando sale por la otra.

—Eso no me asombra —dijo la princesa—. En tu corral no hay un toro tan grande como el de mi corral. Dos hombres sentados en los cuernos no pueden tocarse con un aguijón de veinte pies cada uno.

—Eso es una bicoca —dijo Meñique—. La cabeza del toro de mi casa es tan grande que un hombre montado en un cuerno no puede ver al que está montado en el otro.

—Eso no me asombra —dijo la princesa—. En tu casa no dan las vacas tanta leche como en mi casa, porque nosotros llenamos cada mañana veinte toneles, y sacamos de cada ordeño una pila de queso tan alta como la pirámide de Egipto.

—Eso es una bicoca —dijo Meñique—. En la lechería de mi casa hacen unos quesos tan grandes que un día la yegua se cayó en la artesa, y no la encontramos sino después de una semana. El pobre animal tenía el espinazo roto, y yo le puse un pino de la nuca a la cola, que le sirvió de espinazo nuevo. Pero una mañanita le salió un ramo al espinazo por encima de la piel, y el ramo creció tanto que yo me subí en él y toqué el cielo. Y en el cielo vi a una señora vestida de blanco, trenzando un cordón con la espuma del mar. Y yo me así del hilo, y el hilo se me reventó, y caí dentro de una cueva de ratones.

Y en la cueva de ratones estaban tu padre y mi madre, hilando cada uno en su rueca, como dos viejecitos. Y tu padre hilaba tan mal que mi madre le tiró de las orejas hasta que se le caían a tu padre los bigotes.

—¡Eso es demasiado! —dijo la princesa—. ¡A mi padre el rey nadie le ha tirado nunca de las orejas!

—¡Amo, amo! —dijo el gigante—. Ha dicho «¡Eso es demasiado!» La princesa es nuestra.

## VI

—Todavía no —dijo la princesa, poniéndose colorada—. Tengo que ponerte tres enigmas, a que me los adivines, y si adivinas bien, enseguida nos casamos. Dime primero: ¿qué es lo que siempre está cayendo y nunca se rompe?

—¡Oh! —dijo Meñique— mi madre me arrullaba con ese cuento: ¡es la cascada!

—Dime ahora —preguntó la princesa, ya con mucho miedo— ¿quién es el que anda todos los días el mismo camino y nunca se vuelve atrás?

—¡Oh! —dijo Meñique— mi madre me arrullaba con ese cuento: ¡es el Sol!

—El Sol es —dijo la princesa, blanca de rabia—. Ya no queda más que un enigma. ¿En qué piensas tú y no pienso yo? ¿qué es lo que yo pienso, y tú no piensas? ¿qué es lo que no pensamos ni tú ni yo?

Meñique bajó la cabeza como el que duda, y se le veía en la cara el miedo de perder.

—Amo —dijo el gigante— si no adivinas el enigma, no te calientes las entendederas. Hazme una seña, y cargo con la princesa.

—Cállate, criado —dijo Meñique— bien sabes tú que la fuerza no sirve para todo. Déjame pensar.

—Princesa y dueña mía —dijo Meñique, después de unos instantes en que se oía correr la luz—. Apenas me atrevo a descifrar tu enigma, aunque veo en él mi felicidad. Yo pienso en que entiendo lo que me quieres decir, y tú piensas en que yo no lo entiendo. Tú piensas, como noble princesa que eres, en que este criado tuyo no es indigno de ser tu marido, y yo no pienso que haya logrado merecerte. Y en lo que ni yo ni tú pensamos es en que el rey tu padre y este gigante infeliz tienen tan pobres...

—Cállate —dijo la princesa— aquí está mi mano de esposa, marqués Meñique.

—¿Qué es eso que piensas de mí, que lo quiero saber? —preguntó el rey.

—Padre y señor —dijo la princesa, echándose en sus brazos— que eres el más sabio de los reyes, y el mejor de los hombres.

—Ya lo sé, ya lo sé —dijo el rey— y ahora, déjenme hacer algo por el bien de mi pueblo. ¡Meñique, te hago duque!

—¡Viva mi amo y señor, el duque Meñique! —gritó el gigante, con una voz que puso azules de miedo a los cortesanos, quebró el estuco del techo, e hizo saltar los vidrios de las seis ventanas.


VII

En el casamiento de la princesa con Meñique no hubo mucho de particular, porque de los casamientos no se puede decir al principio, sino luego, cuando empiezan las penas de la vida, y se ve si los casados se ayudan y quieren bien, o si son egoístas y cobardes. Pero el que cuenta el cuento tiene que decir que el gigante estaba tan alegre con el matrimonio de su amo que les iba poniendo su sombrero de tres picos a todos los árboles que encontraba, y cuando salió el carruaje de los novios, que era de nácar puro, con cuatro caballos mansos como palomas, se echó el carruaje a la cabeza, con caballos y todo, y salió corriendo y dando vivas, hasta que los dejó a la puerta del palacio, como deja una madre a su niño en la cuna. Esto se debe decir, porque no es cosa que se ve todos los días.

Por la noche hubo discursos, y poetas que les dijeron versos de bodas a los novios, y lucecitas de color en el jardín, y fuegos artificiales para los criados del rey, y muchas guirnaldas y ramos de flores. Todos cantaban y hablaban, comían dulces, bebían refrescos olorosos, bailaban con mucha elegancia y honestidad al compás de una música de violines, con los violinistas vestidos de seda azul, y su ramito de violeta en el ojal de la casaca. Pero en un rincón había uno que no hablaba ni cantaba, y era Pablo, el envidioso, el paliducho, el desorejado, que no podía ver a su hermano feliz, y se fue al bosque para no oír ni ver, y en el bosque murió, porque los osos se lo comieron en la noche oscura.

Meñique era tan chiquitín que los cortesanos no supieron al principio si debían tratarlo con respeto o verlo como cosa de risa; pero con su bondad y cortesía se ganó el cariño de su mujer y de la corte entera, y cuando murió el rey, entró a mandar, y estuvo de rey cincuenta y dos años. Y dicen que mandó tan bien que sus vasallos nunca quisieron más rey que Meñique, que no tenía gusto sino cuando veía a su pueblo contento, y no les quitaba a los pobres el dinero de su trabajo para dárselo, como otros reyes, a sus amigos holgazanes, o a los matachines que lo defienden de los reyes vecinos. Cuentan de veras que no hubo rey tan bueno como Meñique.

Pero no hay que decir que Meñique era bueno. Bueno tenía que ser un hombre de ingenio tan grande; porque el que es estúpido no es bueno, y el que es bueno no es estúpido. Tener talento es tener buen corazón; el que tiene buen corazón, ése es el que tiene talento. Todos los pícaros son tontos. Los buenos son los que ganan a la larga. Y el que saque de este cuento otra lección mejor, vaya a contarlo en Roma.

## Manuel J. Calle. Leyendas del tiempo heroico[8]

Queseras del medio (1819)

Irritado estás el Libertador, y, además, inquieto.

Dirige ansiosas miradas por el río, cuanto la vista le alcanza, y no ve ninguno de los barcos que había mandado preparar para el paso de su gente.

Morillo con sus veteranos se encontraba no lejos, en Calabozo: Quero y sus seiscientos valientes a un paso de ahí en San Fernando. El plan era atacar a Morillo; pero tenía, para hacerlo, que pasar el Apure; y allí, adelante, extendíase el río ancho y caudaloso que le detenía. ¿Iba, pues, a perder el éxito de la campaña? Los dos mil soldados que traía, ejército improvisado por su genio y su actividad después de que uno de sus tenientes se dejó sorprender, días antes en «La Hogaza», estaban condenados, así a la inacción o bien a una derrota segura? ¿Para esto, pues, había venido desde Angostura, verificando una marcha memorable, a unirse con la gente de los Llanos y su impertérrito jefe?

Y, sin embargo, él lo había prevenido y ordenado todo. A ese mismo jefe, que aprobara su operación sobre Calabozo y aún le indicara el punto más a propósito para ir al otro lado, le mandó adelante, a preparar embarcaciones y facilitar el camino.

¡Y ahora... nada!

Barcos sí hay; a la parte opuesta se ven una cañonera, tres flecheras y varias canoas... ¡pero son de los enemigos!

Esos enemigos contemplan los apuros del ejército patriota, y tienen razón de reírse, porque, a lo menos en ese momen-

8   Selección.

**49**

to azaroso, aquellos apuros son irremediables; y brincan de contento, con la natural insolencia del que se encuentra desafiando con su presencia, tranquila e impunemente, a un adversario inerme.

Un hombre, joven todavía, de mediana estatura, de complexión sanguínea, ancho de espaldas y de recia musculatura, sonríe con incalificable placidez al lado de Bolívar. Ese era el Jefe que habiendo venido adelante, nada ha hecho por la seguridad del ejército mediante la preparación de barcos.

Bolívar se vuelve a él y le dice:

—General Páez: ¿dónde están los buques que usted tiene prevenidos?

—Señor —contesta el llamado Páez con una tranquilidad que a su interlocutor le parece abominable— cuento con una cañonera, tres flecheras y varias canoas. ¿No le parece a usted que en ellas puede pasar la tropa?

—¡Ya lo creo! ¿Pero ¿dónde están?

Páez extiende el brazo, señala las embarcaciones del frente, sonríe de nuevo y dice con calma imperturbable:

—Allí.

—¡Cómo!...

Y creyendo ser objeto de alguna burla, inverosímil en semejantes circunstancias, le mira de hito en hito el Libertador.

El otro no cede ante esa mirada, y se contenta con hacer un signo afirmativo de cabeza.

—Sí —agrega—. El enemigo las tiene.

—¡Oh!... —se contenta Bolívar con exclamar, adivinando el pensamiento de su segundo.

Pero ese pensamiento le parece tan absurdo, tan loco, que su inquietud crece y sus lamentaciones continúan.

—¡Qué contratiempo! ¡He ahí un plan fracasado!

Páez nada replica; pero entre tanto se vuelve a uno de sus oficiales y grita: —¡Coronel Arismendi!

—¡Señor!

—Cincuenta escogidos.

—Cada cual vale lo que otro, mi General.

—Pues los que más a mano se hallen.

—Está bien, mi General.

Páez comienza calmadamente a despojarse de parte de sus ropas; y concluida esa operación, desensilla su caballo.

Arismendi y los cincuenta compañeros le imitan. Semidesnudos y montados a pelo, toman luego sus lanzas.

Y se arrojan al río...

Empresa loca, ¿no es verdad?

¡Ah, los buenos caballos, ah, los jinetes inmejorables! Nadan en silencio hacia las barcas, la tripulación de las cuales les deja venir, sin penetrar su intento: ¡les parece tan inverosímil!

Ya cerca de ellas, atruenan el río y los campos vecinos con su formidable grito de guerra, y se esfuerzan porque los corceles lleguen pronto.

Suena una detonación... Es que las barcas se defienden... Pero no tienen tiempo de hacer segunda descarga. Páez, Arismendi y sus cincuenta caen sobre ellas, alancean, destrozan, arrojan al río cuantos enemigos se les ponen adelante batiéndose con la energía de un valor indómito; saltan a bordo, se apoderan de las embarcaciones...

Momentos después, ya de regreso con la vencida flotilla, Páez, jadeante, chorreando agua y sangre, sus cabellos, en alto la terrible lanza, le dice a Bolívar atónito:

—Y bien, señor, ¿no es cierto que podrá pasar la tropa en estos barquitos que ya son nuestros?

Bolívar le abraza, entusiasmado; pasa su gente, corre a Calabozo, sorprende a Morillo, le intima rendición ofreciendo que se apiadaría del mismo Fernando VII sí con él estuviera mucha gente.

...Si no consumó la ruina del jefe español, no fue suya la culpa ciertamente.

Estos sucesos tenían lugar en el mes de febrero del año de gracia 1818.

Por aquella época el General José Antonio Páez era joven todavía, pues apenas contaba veintiocho años; pero la fama de sus hazañas llenaba ya Venezuela, y era el terror de los llanos del Apure, en donde había levantado una división para combatir contra los españoles, sin sujeción a nadie, obrando por su propia cuenta y remitiendo su derecho a los botes de su lanza. Su carrera había sido corta, distinguiéndose por actos de valor increíble.

Sus tropas se componían de jinetes, aquellos famosos llaneros cuyo renombre dura aún en nuestros días.

Montados en ágiles potros, sin más armas que una lanza, y a veces también una carabina, el puñal al cinto, sin equipo ni impedimento, aquellos hombres de hierro volaban como un huracán por las inmensas llanuras, siempre en persecución del enemigo, dándole cargas tremendas, molestándole, sorprendiéndole, apareciendo tan pronto en una parte como en otra, infatigables e indomables. Si el número era mayor, rompían filas, lanzaban un grito gutural, se desparramaban por la llanura y se perdían en el horizonte a presencia del enemigo atónito que ni lugar tenía para perseguirles.

Fieros y crueles, no daban cuartel ni lo pedían; cada bote de su lanza era un enemigo muerto, y se cebaban en la matanza con ímpetus a la vez de tigres y de leones.

Indisciplinados e indisciplinables, combatían cuando y donde querían, sin reconocer otro Jefe que el más valiente... ¡Cuánto debía de serlo Páez para que le hubiesen proclamado caudillo suyo y adherídose a él con una fidelidad salvaje, a prueba de sacrificios!

Sus campamentos eran la pampa húmeda, donde dormían al pie de sus caballos, sin más tienda que la inmensidad del firmamento ni otras hogueras que los astros encendidos en la altura que atisbaban su sueño...

Vestidos, pocos y primitivos; calzado, jamás lo conocieron; forraje para sus caballos daba la grama de las llanuras; los abrevaban en las aguas de los ríos, que atravesaban, centauros invencibles, con las riendas en la mano y la lanza entre los dientes.

Vituallas ¿para qué? Si tenían hambre mataban los toros que pacían en el fondo de la pampa, los asaban entre la hierba y se los comían, sentados alrededor de la fogata, como los héroes griegos en el campamento de Agamenón.

¿Qué los corceles estaban rendidos? Pues no había más que tomar otros, de los millares que ofrecían las grandes yeguadas que pasaban a su vista. Pronto el lazo, la vista experta, el pulso firme, y la nueva cabalgadura no tardaba una hora en relinchar y rebotar bajo sus piernas de hierro... Y otra vez a la carrera huracanada, bebiéndose los vientos, haciendo silbar el aire con la punta de su arma formidable; y luego, ¡al combate y a la matanza!... ¡Hombre extraordinario debía de ser Páez para haberles acaudillado durante tantos años!

Todo era creíble de esos feroces y sobrios guerreros de la llanura; porque la heroicidad era en ellos cosa natural y corriente.

...

¡Cuánto les debió la independencia!

De ellos queremos referir brevemente una de las acciones más portentosas, acaso la más culminante de la Epopeya americana, tan llena de cosas sorprendentes.

¿Quién no ha oído hablar de la función de guerra llamada de las Queseras del Medio?

Las cosas pasaron de la manera siguiente:

—Las cuenta el mismo Páez en un libro suyo que publicó ya viejo y en el destierro.[9]

El General Morillo, al frente de una espléndida división de seis mil quinientos hombres de todas armas, infantería, artillería y caballería, se había metido imprudentemente en los llanos del Apure, deseoso de exterminar a los guerreros de la independencia que la sostenían en esa parte al mando del invicto Páez.

Lo que sufrió en esa campaña, como perdido en aquellos ilimitados desiertos, falto de provisiones, embarazado con una impedimenta pesadísima y hostigado sin cesar por los republicanos.

No tenía un momento de reposo el ejército realista, muy superior al contrario, aunque menos avezado a esa clase de guerra.

Páez, habiendo dejado en lugar seguro la infantería y una emigración de diez mil personas que, huyendo de las iras españolas, seguía los pasos de sus reducidas tropas, opuso a Morillo un sistema de alarmas, asaltos y sorpresas que le traía a mal andar. Tan pronto se le aparecía a vanguardia como a retaguardia, por un flanco como por el otro. Si la ocasión le venía propicia para un golpe de mano, lo daba, y desaparecía rápido como un ave que se pierde en el espacio. Siempre a vista del enemigo y nunca a su alcance, le mareaba

9 *Autobiografía*, Nueva York, Appleton. Ver tomo I.

con la rapidez de sus movimientos y causaba la desmoralización de sus tropas.

...

Esto era en los primeros meses del año 1819.

Bolívar, reconciliado ya con Páez y habiendo perdonado la debilidad con que éste se dejara investir del mando supremo con des conocimiento de la autoridad que él, Bolívar, representaba, acudió desde la Guayana a hacerse cargo del ejército, llevándole refuerzo y, más que todo, el inmenso prestigio de su presencia en el lugar de la campaña. Llegó el 17 de marzo del año que acabamos de citar.

Después de algunos encuentros, no siempre favorables a los patriotas, repasó el Arauca, situándose en la margen derecha, en tanto que el General enemigo se preparaba a hacer un movimiento decisivo sobre su línea.

Al efecto se acercó por la orilla izquierda el día primero de abril; y como veinte oficiales de caballería conducidos por Páez en persona saliesen a verificar un reconocimiento, y se encontrasen súbitamente con doscientos jinetes enemigos que formaban la descubierta del ejército de Morillo, les atacaron furiosamente, matando, aprisionando y arrojando los despedazados restos sobre el grueso del ejército que andaba por ahí cerca.

El riesgo de una batalla general era inminente, y aunque al Caudillo republicano no le conviniese aceptarla, por la inferioridad de su infantería, parecía inevitable.

Al día siguiente —¡memorable dos de abril!— Morillo, después de algunas evoluciones, vino a ponerse al frente de Bolívar, bien que fuera de tiro de cañón.

Era ya un reto que no había como esquivar. El río estaba por medio, y convenía atraer al enemigo.

Páez elige ciento cincuenta hombres entre Jefes Oficiales y Sol dados, pasa el río, los forma en tres columnas de a cincuenta cada una, y se va sobre el enemigo.

Este mueve contra él todas sus fuerzas; despliega su infantería, forma los jinetes y principia a hacer jugar su artillería. ¡Seis mil hombres contra ciento cincuenta, que solo tienen sus buenas lanzas para defenderse!

Los patriotas se retiraron ordenadamente con dirección al río; y al verles en retirada, corren hacia ellos mil jinetes —toda la caballería, entre ella doscientos carabineros— juzgando el triunfo fácil y cierto, pues la diminuta tropa, fugitiva al parecer, no puede tener escape posible puesta entre un ejército que les cañonea y fusila y un río en aquel punto invadeable.

Los ciento cincuenta continúan retirándose, hasta que oyen a sus espaldas el mugido de las olas del Arauca.

Algunas guerrillas les sostienen desde la ribera opuesta; pero ¿qué auxilio es el suyo, cuando los tiros enemigos se han dirigido contra ellos?

¡Ha llegado el último momento para el León de los Llanos y sus impertérritos compañeros! ¡No hay salvación! Ya los jinetes enemigos están sobre ellos, se vienen al escape, dejando a larga distancia la masa numerosa del Ejército... ¡Ya llegan, ya están allí...!

Rápido Páez, manda volver caras, ordena los suyos en siete grupos de a veinte hombres: enristran lanzas, aprietan los ijares de los corceles, y se van como si fuesen a la muerte...

Horrendo fue el choque. Las secciones de a veinte se meten por entre las filas enemigas, de frente y por los flancos, y, sin darles un instante de descanso, las alancean, les atropellan y desbaratan...

Resisten esos enemigos, porque valor no les falta; oponen lanzas a lanzas, pechos a pechos. Todo en vano: van de vencida.

Se apean entonces los doscientos carabineros, quieren ordenarse, hacer uso de sus armas... ¡vano esfuerzo! Son alanceados en tierra en vez de ser clavados sobre las sillas de sus cabalgaduras... Al fin huyen a la desbandada, siendo degollados en la fuga...

Páez en su furiosa arremetida llega con su escuadrón a las filas mismas de la infantería y se lanza contra ella: cinco mil hombres retroceden a su presencia; los cañones callan, y el ejército entero de Morillo, aturdido y espantado, retrocede, se desbanda, refúgiase en el bosque en que se apoya su retaguardia... La noche llega; cesa la matanza, y Páez se arroja otra vez al río, presentándose luego victorioso ante el ejército republicano...

Esta fue la increíble acción de las Queseras del Medio. Los es pañoles dejaron cuatrocientos soldados y caballería tendidos en el campo: los patriotas tuvieron dos muertos y cinco heridos.

Aturdido Morillo, se retira precipitadamente a Achaguas, rechazado por la carga de menos de doscientos llaneros, de la gavilla, como él los llamaba...

Jamás se había visto ni después se vio en la guerra de la Independencia un combate más desigual —dice Baralt—, ni más glorioso para las armas de la República: combate que sería increíble si no estuviera apoyado en el testimonio de los amigos y de los enemigos de Páez y de multitud de documentos fidedignos.[10]

10  Páez en su Autobiografía, da la lista completa de los que asistieron a esta función de armas.

Al día siguiente, Bolívar decretó la concesión de la cruz de Libertadores a todos los vencedores de la víspera —jefes, oficiales y soldados.

Y el 4 de abril se expresaba de esta manera en una carta a su amigo don Guillermo Withe:

Antes de ayer, el General Páez ha logrado un golpe admirable, sobre Morillo y que pudo haber sido completamente decisivo, si la noche no lo hubiera ocultado a nuestras lanzas. No pensábamos más que darle a conocer la superioridad de nuestra caballería; y así, no aprovechamos el brillante resultado que tuvimos, porque no habíamos preparado el lance para ello.

Arrollamos todo el ejército cuando solo pensábamos batir una parte de su caballería. Ciento cincuenta valientes, mandados por el General Páez, no podrían solos destruir todo un ejército, estando nuestras tropas con el Arauca por medio.

## Salarrué. Cuentos de cipotes[11]

El cuento del cuento que descuenteya

Puesiesque Yanto Yanto iba gotiando por el andén. Daba un pasito y dejaba cair una gota, daba otro pasito y dejaba cair otra gota porque tenía sangrenariz por gusto, sin trompada, y le dijeron: «¿Por qué tenés sangrenariz?» y dijo «Es que semiá desangrado» y seguía dando pasitos y gotiando. Y Melico iba detrás contando las gotas: «...cuarenticinco, cuarentiséis, cuarentiséis y medio, cuarentisiete con un chilguete»... Y le dijo Yanto Yanto «¿Y por qué me venís contando la sangre, vos?» «Es para ver siuno de tualto tiene siquiera cien gotas», le dijo, «cuando ya se te acabe la sangre te tenés que desmayar, porque dice mi papá que la sangre sostiene porque tiene fierro».

Eneso venía el ductor don Moncho y le dijo: «¿Quién te pegó?» y Yanto Yanto le dijo: «Yo solo me desangré con singra ciamente». «Entonces es sangrenariz» dijo y miró quioras eran en su chacalele y siguió caminando. «Bueno», le gritó Melico, «¿Y no dice qués médico pué? ¿Por qué no lo cura?» «Atiendo en mi ojicina» le dijo «de 2 a 5 pemele». Y se jué con su bastón. Y Melico dijo ligerito: «ochenticinco, ochentiséis, ochentisiete (a mí me curó mi mamá con que oliera un adobe mojado con güinagre), ochentinoventidós...» «¡Andate cipotío!» ...le dijo Yanto Yanto «¡no seya que se me vaya lalbarda-unlado y te dé con un adobe!» Y Melico le dijo: «¡Ta bueno..., desgradecidos que uno les viene ayudando y nuagradecen!... Solo poreso me vuá regresar por el rastroesangre contando al revés» y se regresó con las bolsas en las manos y

11  Selección.

**59**

descontó hasta bien lejos y cuando yegó al uno todavía faltaba como media cuadra y se paró y dijo: «¡Achís!, este sangra!
ha sobrado, pero noliase» y se jué y siacabuche.


### El cuento del dichoso turis turista

Puesiesque un arfiler pechito estaba paradito en una almuada
de juguete y mirando platiado para todos lados y dijo: «¡Yo
questoy haciendo aquí, si ni soy poste de teléfono ni antena
de radio, ni asta de bandera, ni nada! Ya me voy por esos
mundos, de turis turistas». Y pegó un salto a pie junto y cayó
en una mesenoche acostado. Y eneso yegó la Cenífera arreglar las camas y puso una cajejójoros que se bía caído al suelo
sobre la mesenoche y itas!, se le ensartó el arfiler en un dedo
gordo, y pegó un respingo y gritó: «¡Ay Santas Sánimas del
lavatorio, Señor Descápulas, ya me picó un akarabán chu-
zudo, traicionista y rectil!» y se chupó el dedo con todas sus
juerzas. Y el arfiler se le bía escordeleros en la bolosita del
delantar y pensando el vivo: «Aquí viajo casi de choto en un
sabrosísimo hamaquiado de caderas». Porque la Cenífera era
una criadita bien pispirringa y cuanduiva andando meniaba
el guardafango parayá y paracá, para que vieran sus inamo-
rados que estaba nuevita y bien aceitada y dijeran: «¡Qué
chu la la Cenífera, es mera ágile para ir caminando y güele!».
Porque todos sus novios eran choferes. Y en un zaguán se
incontró con un novio y siabrazaron juerte y el chofer pegó
un corcovo y le dijo: «¡Ay, que espina tenés por el taye!». Y
la Cenífera se rumorizó de la cara y así la vista, sonrisándose,
le dijo: «¡Tansacón que sos, eso es por decirme que soy rosa
con espinas en el tayo!». «¡Qué tayo, ni qué güirinches!» le
dijo el chofer rascándose el umbligo, «mias ensartado un
chuzo en la barriga». Y se sacó el aljiler con una gotita de

sangre colorada y se luenseñó. «¡Agüen!» le dijo la Cenífera asustada: «¿Y cómo ando yo ese arfiler, pué?» Y lo tiraron por ayá y cayó en el andén, onde lo pepenó un señor que lo yevó al monte onde se puso a cojer mariposas de lindos colores, flores-siyas de alegre mañana, y agarró una grandota con verde, rojo, colorado, tinto y vermeyón y itas!, la prendió con el arfiler en un cartón, que, pobrecita, le dolió, pero no dijo iay!, porquera valiente y en un descuido se desprendió aletiando del cartón y sencumbró en los aigres sutiles, yevándose el arfiler que iba cabalgando contentísimo, impensablis de viajar en avioneta recién pintada y sin pagar. Y cuando ya había subido bien alto, la pobre mariposa se murió y cayó lupin la Lupe y por más gritos que pegaba el arfiler no revivió y sestreyó en un pedrero de unos cuatro Pedros questaban almorzando debajo de un morro: Pedro Garniya, Pedro Lengua, Pedro Cucusa y Pedro Loroco, que se yamaban y estaban celebrando su santo. Y los edros lo safaron del avión todo doblado y torcido y dijeron: «¡Ya fregamos, tenemos anzuelo para pescar y éste es un milagro de San Pedro que es su santo y el de nosotros y quera pescador!». Y el arfiler bien contento porque andaba de turis turista y iba a conocer el jondoel mar y siacabuche.

## Froylán Turcios. Katie. Relato de un muchacho de Brooklyn

### I

Mi pequeña hermana Katie tenía los cabellos amarillos y los ojos castaños. Era grave y dulce y muy silenciosa. Por la casa deslizábase levemente, como una sombra, con su ligero vestido y sus medias azules. Yo adoraba a Katie y el día en que cumplió nueve años, la víspera de Navidad, le regalé mi muñeco automático, único juguete que tenía.

### II

Gustábame verla con su escobilla de plumas, sacudiendo el polvo del salón, o cuando me decía muy seria, como una persona mayor, levantando el índice: —Jack, es preciso que cuides más tu traje de terciopelo. Ayer, al limpiarlo, le puse dos botones que le faltaban.

Y sonreía suavemente, viéndome turbado.

Ella, tan pequeñuela, tenía para conmigo ternuras inolvidables.

### III

En los crudos inviernos, antes de acostarse, acercábase de puntillas a mi cama.

—Katie, ¿eres tú? —le decía.

—Sí, Jack. Vine a ver si tienes frío.

Y después de arreglar el cobertor sobre mi cuello, me besaba alejándose sin hacer ruido.

## IV

Cierta noche, al regresar de Coney Island, cuyas magias de luz la encantaban, Katie se sintió muy enferma. Y al día siguiente su mal empeoró. Fueron inútiles los esfuerzos que el médico hizo para salvarla. Katie se moría.

Yo no me separaba de su lecho, petrificado de espanto. Parecíame que al morir ella todo acababa para mí.

—Jack —me dijo, incorporándose sobre la almohada, con los ojos encendidos por la fiebre, en la horrible medianoche—, sé muy bueno y no olvides a tu pobre Katie. Siento morir porque te quiero mucho...

## V

Fueron sus palabras postreras. Vistiéronla de blanco y la cubrieron de rosas pálidas y de jazmines. Y así, más blanca entre tantas blancuras, Katie era más linda que los ángeles.

Antes de colocarla en la caja de seda, besé sus manos frías y sus grandes ojos castaños.

## VI

En aquella tarde oscura la enterraron bajo un sauce cubierto de nieve, en el triste cementerio de Greenwood.

Allí reposa la pequeña Katie. Y yo, que desde que se fue vivo sin alma, cuando paso por aquel sitio lúgubre, siento que mi corazón deja de latir y que mis ojos se llenan de lágrimas.

## Vicente Riva Palacio. El buen ejemplo

Si yo afirmara que he visto lo que voy a referir, no faltaría, sin duda, persona que dijese que eso no era verdad; y tendría razón, que no lo vi, pero lo creo, porque me lo contó una señora anciana, refiriéndose a personas a quienes daba mucho crédito y que decían haberlo oído de quien llevaba amistad con un testigo fidedigno, y sobre tales bases de certidumbre bien puede darse fe a la siguiente narración:

En la parte sur de la república mexicana, y en las vertientes de la Sierra Madre, que van a perderse en las aguas del Pacífico, hay un pueblecito como son en lo general todos aquéllos: casitas blancas cubiertas de encendidas tejas o de brillantes hojas de palmera, que se refugian de los ardientes rayos del Sol tropical a la fresca sombra que les prestan enhiestos cocoteros, copudos tamarindos y crujientes platanares y gigantescos cedros.

El agua en pequeños arroyuelos cruza retozando por todas las callejuelas, y ocultándose a veces entre macizos de flores y de verdura.

En este pueblo había una escuela, y debe haberla todavía; pero entonces la gobernaba don Lucas Forcida, personaje muy bien querido por todos los vecinos. Jamás faltaba a las horas de costumbre al cumplimiento de su pesada obligación. ¡Qué vocaciones de mártires necesitan los maestros de escuela de los pueblos!

En esa escuela, siguiendo tradicionales costumbres y uso general en aquellos tiempos, el estudio para los muchachos era una especie de orfeón, y en diferentes tonos, pero siempre con desesperante monotonía, en coro se estudiaban y en coro se cantaban lo mismo las letras y las sílabas que la doctrina cristiana o la tabla de multiplicar.

Don Lucas soportaba con heroica resignación aquella ópera diaria, y había veces que los chicos, entusiasmados, gritaban a cual más y mejor; y era de ver entonces la estupidez amoldando las facciones de la simpática y honrada cara de don Lucas.

Daban las cinco de la tarde; los chicos salían escapados de la escuela, tirando pedradas, coleando perros y dando gritos y silbidos, pero ya fuera de las aguas jurisdiccionales de don Lucas, que los miraba alejarse, como diría un novelista, trémulo de satisfacción.

Entonces don Lucas se pertenecía a sí mismo: sacaba a la calle una gran butaca de mimbre; un criadito le traía una taza de chocolate acompañada de una gran torta de pan, y don Lucas, disfrutando del fresco de la tarde y recibiendo en su calva frente el vientecillo perfumado que llegaba de los bosques, como para consolar a los vecinos de las fatigas del día, comenzaba a despachar su modesta merienda, partiéndola cariñosamente con su loro.

Porque don Lucas tenía un loro que era, como se dice hoy, su debilidad y que estaba siempre en una percha a la puerta de la escuela, a respetable altura para escapar de los muchachos, y al abrigo del Sol por un pequeño cobertizo de hojas de palma. Aquel loro y don Lucas se entendían perfectamente. Raras veces mezclaba sus palabras, más o menos bien aprendidas, con los cantos de los chicos, ni aumentaba la algazara con los gritos estridentes y desentonados que había aprendido en el Hogar materno.

Pero cuando la escuela quedaba desierta y don Lucas salía a tomar su chocolate, entonces aquellos dos amigos daban expansión libre a todos sus afectos. El loro recorría la percha de arriba abajo, diciendo cuanto sabía y cuanto no sabía; restregaba con satisfacción su pico en ella, y se colgaba de las patas, cabeza abajo, para recibir la sopa de pan con chocolate que con paternal cariño le llevaba don Lucas.

Y esto pasaba todas las tardes.

Transcurrieron así varios años, y don Lucas llegó a tener tal confianza en su querido Perico, como le llamaban los muchachos, que ni le cortaba las alas ni cuidaba de ponerle calza.

Una mañana, serían como las diez, uno de los chicos, que casualmente estaba fuera de la escuela, gritó espantado: «Señor maestro, que se vuela Perico». Oír esto y lanzarse en precipitado tumulto a la puerta maestro y discípulos, fue todo uno; y, en efecto, a lo lejos, como un grano de esmalte verde herido por los rayos del Sol, se veía al ingrato esforzando su vuelo para ganar cuanto antes refugio en el cercano bosque.

Como toda persecución era imposible, porque ni aun teniendo la filiación del prófugo podría habérsele distinguido entre la multitud de loros que pueblan aquellos bosques, don Lucas, lanzando de lo hondo de su pecho un «sea por Dios», volvió a ocupar su asiento, y las tareas escolares continuaron como si no acabara de pasar aquel terrible acontecimiento.

Transcurrieron varios meses, y don Lucas, que había echado al olvido la ingratitud de Perico, tuvo necesidad de emprender un viaje a uno de los pueblos circunvecinos, aprovechando unas vacaciones.

Muy de madrugada ensilló su caballo, tomó un ligero desayuno y salió del pueblo, despidiéndose muy cortésmente de los pocos vecinos que por las calles encontraba.

En aquel país, pueblos cercanos son aquellos que solo están separados por una distancia de doce o catorce leguas, y don Lucas necesitaba caminar la mayor parte del día.

Eran las dos de la tarde; el Sol derramaba torrentes de palmas que se dibujaban sobre un cielo azul con la inmovilidad de un árbol de hierro. Los pájaros enmudecían ocultos entre el follaje, y solo las cigarras cantaban tenazmente en medio de aquel terrible silencio a la mitad del día.

El caballo de don Lucas avanzaba haciendo sonar el acompasa do golpeo de sus pisadas con la monotonía del volante de un reloj.

Repentinamente don Lucas creyó oír a lo lejos el canto de los niños de la escuela cuando estudiaban las letras y las sílabas.

Al principio aquello le pareció una alucinación producida por el calor, como esas músicas y esas campanadas que en el primer instante creen oír los que sufren un vértigo; más claros y más perceptibles; aquello era una escuela en medio del bosque desierto.

Detúvose asombrado y temeroso, cuando de los árboles cerca nos se desprendió, tomando vuelo, una bandada de loros que iban cantando acompasadamente ha, be, bi, bo, bu; la, le, li, lo, lu y tras ellos, volando majestuosamente un loro que, al pasar cerca del espantado maestro, volvió la cabeza diciéndole alegremente: «Don Lucas, ya tengo escuela».

Desde esa época los loros de aquella comarca, adelantándose a su siglo, han visto disiparse las sombras del oscurantismo y la ignorancia.

# Ricardo Palma. La virgen de sombrerito y el chapín[12] del niño

## I

Los dominicos enseñan una estampa en que se ve a la Virgen María llevando, en vez de corona de oro, un sombrerito de piel, de esos que hoy llamamos de panza de burro; y he aquí la explicación que dan sobre la originalidad del adorno.

En inminente peligro de quiebra hallábase un honrado comerciante si, llegada la fecha, no echaba ancla en el Callao un navío que, con mercaderías valiosas, le venía consignado desde Cádiz. Cumplióse el plazo con exceso, ni noticias había del buque, y en un mismo día acudieron al comerciante tres de sus acreedores, cobrándole una suma morrocotuda. El buen hombre ocurrió en tribulación tamaña a la Virgen, pidiéndola en préstamo su corona de oro y pedrería fina, prometiéndola que, para la celebración de su fiesta anual, se la devolvería mejorada. Accedió la Virgen a la petición de su devoto, y éste le dejó en prenda su sombrero, con el cual cubrió la cabeza de la imagen.

Lo verdaderamente milagroso es que la Virgen pasó algunos meses ensombrerada, sin que para los fieles fuese visible el sombrero.

Pero llegó la víspera de la fiesta, y el español, que con el oro y las piedras finas de la corona había oportunamente salido de cuitas,[13] no daba acuerdo de su persona, y eso que acababa de tener la buena suerte de que el tan esperado navío llegase al puerto, pues su retardo lo motivaron vientos contrarios y otros accidentes del mar.

12 Chapín: escarpín o zapato tejido para niño recién nacido.
13 Cuitas: penas, desgracias.

El comerciante había redondeado su fortuna con el buen despacho del cargamento.

La Virgen no quiso aguantar trampas, y para hacer efectiva su acreencia, y por vía de recorderis al pagador remiso,[14] se mostró en el altar sin corona y con sombrero.

Imagínense ustedes el toletole[15] que se armaría en la cristiana religiosa ciudad.

Al día siguiente, que era el de la fiesta, presentóse el comerciante al provincial de los dominicos llevando para la Virgen una corona superior en precio y trabajo artístico a la antigua, y que con otras joyas había sido traída de Europa por un platero genovés. Para el pueblo y para la comunidad todo pasó como obsequio de un devoto.

En cuanto al sombrero, entiendo que volvió a su primitivo dueño en calidad de agasajo o reliquia dada por los frailes.


## II

Hace dos siglos que una pobre mujer se encontraba ante el alcalde del crimen en graves apuros, pues su señoría, después de tomar la declaración, dijo a los alguaciles que la llevasen a la cárcel de corte interín que la reclamaba, como no podía dejar de suceder, la Santa Inquisición.

La infeliz, amenazada de vérselas con el terrible Tribunal de la Fe, que acaso la mandaría achicharrar en la hoguera, tenía por cabeza de proceso la acusación, ¡ahí es nada!, de robo sacrílego.

Habíase encontrado en poder de ella un chapincito de oro, esmaltado de piedras preciosas, perteneciente al Niño que en

14  Remiso: retardado, moroso.
15  Tolecole: gritería popular, alboroto.

los brazos lleva la Virgen del Rosario. Ya ven ustedes que la cosa no podía ser más grave.

La mujer declaraba que, habiéndose arrodillado ante el altar y pedido a la Santísima Virgen que aliviase su miseria (pues era viuda, con un celemín[16] de hijos y sin fuerzas para trabajar en la costura, que no le cundía por estar medio tísica), compadecido el Niño extendió el piececito y dejó caer el chapín.

El juez la llamó embustera y algo más; pero la mujer sostuvo con energía que no podía ser castigada sin que previamente declarasen la Virgen y el Niño.

La justicia no desoyó tan legítima exigencia. Tenía, por lo menos, que llenar la fórmula. Sin embargo, la acusada fue por esa noche a dormir a chirona.[17] Al siguiente día, a las once de la mañana, los alguaciles la condujeron a Santo Domingo, en cuyo templo la estaban esperando el juez, el escribano y dos o tres padres graves del convento.

Empezó el alcalde por interrogar a la Virgen si era verdad lo que aquella mujer declaraba. La Virgen se mantuvo seria, como si la cosa no fuera con ella.

—¡Ya lo ves, mentirosa! —dijo el juez, dirigiéndose a la encausada.

—Pregunte usía al Niño, señor juez; pregúntele usía.[18] Tal vez me hizo el obsequio sin pedir permiso a su Santa Madre, y por eso no habrá contestado ella.

El juez, sin disimular una sonrisa de incredulidad, formuló la pregunta, y no había aún terminado de hacerla cuando el bellísimo Niño movió el pie y dejó caer el otro chapincito.

Ante tan maravilloso testimonio, quedó la mujer absuelta de culpa y pena, y los dominicos, engreídos con el milagrito

16  Celemín: medida antigua equivalente a 537 mrs.
17  Chirona: cárcel.
18  Usía: vuestra señoría. Tratamiento que se hacían dar las autoridades españolas.

realizado en su iglesia, le señalaron pensión de seis reales diarios.

Cuento, no comento, y

Aleluya, aleluya, Padre Gilito,
que ya comen las monjas del pan bendito;

y aleluya, aleluya, padre vicario,
que ya suben las monjas al campanario.

# Pedro Henríquez Ureña. Cuentos de la nana Lupe[19]

Con el burro y el ratón

—Aunque es costumbre hablar bien del león, tanto como mal de los zorros —dijo el zorro azul—, yo les quiero contar hazañas del llamado rey de los animales, para que vean que no siempre es justo.

Una vez, estaba enfermo uno de los leones de tierras al norte, donde andaba yo de visita. A los leones les gusta que los vayan a visitar cuando están enfermos, y ya saben ustedes cómo se aprovechan de estas visitas muchas veces. Los zorros tenemos mucha prudencia en tales casos, y no nos acercamos a la cueva del león en estas ocasiones, no sea que entremos y no salgamos. Pero esta vez me aseguraron que el león no haría nada, porque los chacales le llevaban buena comida y no pasaba hambre. Fui, pues, acompañado de un oso negro y de un mono gris, porque yendo en compañía disminuía el peligro aún más.

Llegados allí, preguntamos cortésmente al león por su salud. El mono se deshacía en caravanas. Yo procuraba conducirme discretamente. Pero el oso, que a veces es muy tonto, se puso inquieto y se veía que no estaba a gusto.

«—¿Qué te pasa?» —preguntó el león irritado.

«—Pues no está nada agradable esta cueva. Se ve que no la limpian tus chacales...» «¿Y a ti qué te importa?»

«—A mí me importa, porque los olores no son nada agradables.»

El león se encendió en furia, entonces, y de un zarpazo lo tendió muerto en el suelo, diciéndole:

19  Selección.

73

«—Toma olores agradables.»

El mono, al ver aquello, comenzó a dar de chillidos:

«—¡Qué absurdo! ¡Qué ofensa para el rey! ¡Oso estúpido!»

«—No chilles» —le gritó el león.

«—Es que no puedo tolerar la conducta del oso. ¡Ponerse a censurar la mansión real, que solo huele a perfumes de Arabia!»

«—No es verdad: el oso tenía razón en lo que decía, y mis chacales son muy sucios, no entienden cómo debe tenerse una casa distinguida, y me van a obligar a llamar a los gatos para que la limpien. Pero lo que me molesta fue el aire grosero con que habló el oso.»

«—Pues a mí, de todos modos, me huele aquí a perfumes de Arabia...»

El león, a quien le subía de punto el enojo, acabó por darle otro zarpazo al mono y tenderlo también muerto, en el suelo, con esta frase:

«—Toma perfumes de Arabia.»

Yo lamentaba haber accedido a aquella visita. Mis dos compañeros yacían muertos, y yo no veía el modo de salir de allí.

El león me dijo entonces:

«—¿Y a ti cómo te huele?»

«—¿A mí? —le dije—. No me huele a nada. Tengo catarro.»

—Ya me cansan los cuentos del zorro —dijo Mariquita—. No se habla aquí sino de zorros y zorros. Vámonos para casa.

—No —dijo Nachito—. Que nos cuenten todavía otra historia.

—Bueno, una más. Pero mañana ya no volvamos a ver a los animales... El duende bien podría inventar otra cosa para nosotros.

—Muy bien, hijos míos, ya veremos qué otra cosa les gusta...

—Pues verás —dijo el ratoncito—. Tengo amigos en las poblaciones y a veces los invito a visitarme y a comer conmigo.

Cuando vienen les obsequio granos de cereales, que es lo que comemos en el campo. Pero uno de ellos, gran ratón de ciudad, me dijo un día:

«—Es pobre tu comida. ¡Si vieras qué bien se come en la ciudad!»

«—No ha de ser tanto —contesté yo—. Dicen que tienen ustedes que comer papel.»

«—¡Oh, no! Eso solo les ocurre a los ratones que viven en las casas de los escritores honrados.»

«—¿Y por qué en las casas de los escritores honrados? ¿No hay papel en las casas de los escritores que no son honrados?»

«—Sí hay papel, aunque no mucho que digamos. Pero como los escritores deshonestos tienen muchas cosas buenas de comer en la despensa, a nadie se le ocurre ir a roer el papel.»

«—¿Entonces los escritores honrados no tienen buena despensa?»

«—No. Se mantienen con muy poca cosa. Viven al día... Así es que a los ratones que viven en esas casas no les queda otro recurso que comerse el papel. Pero no son muchas esas casas, no creas, así es que la historia de que los ratones de ciudad nos alimentamos de papel es falsa, es una de tantas consejas que corren en el campo. Vamos: te invito a que comas con migo en la casa de uno de esos señores ricos...»

Y dicho y hecho. Aquel mismo día fuimos a la ciudad, cuan do iba anocheciendo, y llegamos hasta la casa donde se alojaba mi amigo.

«—Espera a que cenen los dueños» —me dijo.

Esperamos, y cuando se levantaron de la mesa los dueños, y las criadas se pusieron a lavar platos, nos metimos en la despensa. Lo malo era que había que atravesar buen trecho de la habitación, desde el agujero abierto en el piso hasta el agujero abierto en la despensa. A mí me pareció peligroso aquello, pero llegamos a la despensa, y comenzamos a disfrutar de un gran banquete; excelentes bizcochos, quesos de varias clases, frutas secas, dulces... Cuando estábamos royendo un magnífico queso de Gruyere, oímos ruido: una criada venía a abrir la despensa para guardar un bote de dulce. Salimos huyendo a toda prisa, pero la criada nos vio, y agarró un palo para pegarnos, y un gato corrió detrás de nosotros, que yo no sé cómo no nos alcanzaron antes de llegar al agujero del piso. Pudimos escapar, sin embargo, pero yo le dije a mi amigo el de la ciudad:

«—Será muy buena la despensa del escritor rico, pero yo prefiero comer maíz en el campo a comer queso y dulces con tanta intranquilidad...»

Entonces Mariquita quiso despedirse, y ella y Nachito se fueron, acompañados por el duende Don Yo de Córdoba, saludando a todos los animales: «Adiós, don Zorro; adiós todos».

## Horacio Quiroga. El diablito colorado

Había una vez un chico que se llamaba Ángel y que vivía en la Cordillera de los Andes, a orillas de un lago. Vivía con una tía enferma; y Ángel había sido también enfermo, cuando vivía en Buenos Aires, donde estaba su familia. Pero allá en la Cordillera, con el ejercicio y la vida al aire libre se había curado del todo.

Era así un muchacho de buen corazón y amigo de los juegos violentos, como suelen ser los chicos que más tarde serán hombres enérgicos.

Una tarde que Ángel corría por los valles, el cielo de pronto se puso amarillo, y las vacas comenzaron a trotar, mugiendo de espanto. Los árboles y las montañas mismas se balancearon, y a los pies de Ángel el suelo se rajó como un vidrio en mil pedazos. El chico quedó blanco de susto ante el terremoto; cuando en la profunda grieta que había a sus pies vio algo como una cosita colorada que trepaba por las paredes de la grieta. En ese mismo momento la gran rajadura se cerraba de nuevo, y Ángel oyó un grito sumamente débil. Se agachó con curiosidad, y vio entonces la cosa más sorprendente del mundo: vio un diablito, ni más ni menos que un diablito colorado, tan chiquito que no era mayor que el dedo de una criatura de seis meses. Y el diablito chillaba de dolor, porque la grieta al cerrarse le había apretado una mano y saltaba y miraba asustado a Ángel, con su linda carita de diablito.

El muchacho lo agarró después por la punta de la cola, y lo sacó de allí, sosteniéndolo colgado cabeza abajo. Y después de mirarlo bien por todos lados, le dijo:

—Oye diablito: si eres un diablo bueno (pues hay diablos buenos), te voy a llevar a casa, y te daré de comer; pero si eres un diablo dañino, te voy a revolear enseguida de la cola y te arrojaré al medio del lago.

Al oír lo cual el diablito se echó a reír:

—¡Qué esperanza! —dijo—. Yo soy amigo de los hombres.

Nadie los quiere como yo. Yo vivo en el centro de la tierra, y del fuego. Pero estaba aburrido de pasear siempre por los volcanes, y quise salir afuera. Quiero tener un amigo con quien jugar.

¿Quieres que yo sea tu amigo?

—¡Con mucho gusto! —repuso Ángel, parando al diablito en la palma de la mano—. ¿Pero no me harás daño nunca? ¡Cuidado, porque si no te va a pesar, diablito de los demonios!

—¡Qué esperanza! —tornó a contestar el diablito, dándole la mano—. Amigos, ¡y para toda la vida! ¡Ya verás!

Y he aquí como Ángel y el diablito trabaron amistad, vivieron como hermanos y corrieron juntos aventuras sorprendentes.

El diablito, claro está, sabía hacer de todo y jugar a todo; pero su gran afición era la mecánica. En una esquina de la mesa don de Ángel estudiaba de noche sus lecciones, el diablito había instalado su herrería: fierros, herramientas, fragua y un fuelle para soplar el fuego. Pero todo tan diminuto que el taller entero no ocupaba más espacio que una moneda de dos centavos, y había allí de todo, sin embargo, y allí fabricaba el diablito los delicadísimos instrumentos que necesitaba. Y mientras el muchacho estudiaba a la luz de la lámpara, el diablito trabajaba en la sombra de la pantalla y martillaba y soplaba que era un contento.

¿Qué hacía el diablito? ¿Qué era lo que fabricaba? Ángel no lo sabía. ¡Era tan chiquito todo aquello!

Pero lo más sorprendente de esta historia, es que el diablito era invisible para todos menos para Ángel. Solo su amigo lo veía; las demás personas no podían verlo. Mas el diablito rojo existía realmente, como pronto lo hizo ver.

Una tarde hubo un concurso de honda entre los muchachos de la escuela. La goma de la honda de Ángel se rompió al primer tiro; y cuando ya se daba por vencido, vio al diablito trepado a su dedo pulgar.

—¡No te aflijas, primo! —le decía el diablito—. Abre el pulgar y el índice para que yo pueda sujetarme de ellos, y tírame fuerte de la cola; verás cómo nunca has tenido una honda igual.

Y en efecto, Ángel hizo lo que el diablito le decía, enroscó una piedra en la cola, y estiró, estiró hasta que no pudo más; y la piedra salió silbando, con tanta fuerza que se la oyó silbar un largo rato. E inútil es decir que Ángel ganó el concurso.

Notemos también que el diablito había llamado primo a Ángel. Y es que, en efecto, los hombres son primos; y aun hay otros parientes más raros, como pronto lo veremos.

En otra ocasión el maestro retó injustamente a Ángel; y tantas cosas desagradables le dijo, que esa noche, mientras el diablito trabajaba en su fragua, Ángel, en vez de estudiar, lloraba sobre la mesa. El diablito lo vio y dijo riendo:

—¡No te aflijas, primo! Voy a arreglar las cuentas a tu maestro. Ya verás mañana.

Y golpeando a toda prisa en el yunque, fabricó un instrumento raro, con el que salió corriendo. Corriendo siempre llegó a la casa del maestro, que estaba durmiendo y roncaba; y metiéndose con mucho cuidado dentro de su boca, le colocó el instrumento detrás de la lengua.

¿Qué bisagra, o qué resorte extraño era aquella cosa? Nunca se supo. Pero lo cierto es que al dar clase al día siguiente, el maestro estaba tartamudo, como si tuviera un resorte en la lengua. Quiso decir: «¡Alumno Ángel!», y solo dijo A...lu...lu...lu...

Y cuando más se enojaba por que no podía hablar de corrido, más se le trababa la lengua con su a...! u...! u...! u... Y los muchachos saltaban entre los bancos de contentos y le gritaban:

—¡Señor Alululú ¡Señor Alululú!

Otra vez llegó al pueblo un hombre malísimo y con un sombrero tan caído sobre los ojos que no se le veía más que la boca y la punta de la nariz. Y el asesino dijo a todo el mundo que iba a matar a Ángel en cuanto saliera de su casa, porque le había robado una gallina.

Era una gran mentira; pero esa noche, cuando Ángel lloraba de codos sobre la mesa, el diablito que trabajaba en su fragua, le gritó riendo:

—¡No te aflijas, primo! Verás cómo nos divertimos mañana con ese hombrón.

Y después de forjar un instrumento sobre el yunque, como la vez anterior, el diablito fue corriendo a la casa del hombre dormido, trepó sobre su frente, y con el taladro que había construido le agujereó la cabeza.

Pensemos qué chiquito debía de ser aquel agujero; pero al diablito le bastaba, porque quemándose con un fósforo la punta de la cola, echó adentro la ceniza, que tenía la facultad de dar la locura. Con lo que el hombre al día siguiente se levantó loco, y en vez de matar a Ángel corría muerto de contento por la calle diciendo que era una gallina Plymot-Rock; y en todas las esquinas quería poner un huevo y después se agachaba y se abría el saco, cacareando.

Ya se ve si el diablito tenía poder para hacer cosas. Lo único que lo molestaba un poco era el calor; y se bañaba ocho o diez veces al día en una copa.

En su fragua había hecho un peinecito de oro; y cruzado de piernas en el borde de la copa se peinaba despacio, mientras jugaba en el agua con la punta de la cola.

Muchos más servicios prestó el diablito a su primo Ángel. Pero el más grande de todos fue el que le hizo salvando de la muerte a su hermanita, que vivía en Buenos Aires. Cuando Ángel supo la noticia de la enfermedad se desconsoló tanto que no quería levantarse de la cama; y si se levantaba, se volvía a tirar vestido a llorar. Pero el diablito lo animó tanto que se decidieron ir a Buenos Aires, a pie, pues no tenían dinero y aunque no conocían el camino, el diablito se guió por las grietas casi invisibles que dejan los temblores de tierra, grietas que nadie puede ver, pero que él veía, porque había nacido con los volcanes en el centro de la tierra.

Sería sumamente largo contar las aventuras que les pasaron en un viaje a pie de cuatrocientas leguas. Lo cierto es que una mañana llegaron por fin a Buenos Aires, y llegaron cuando la hermanita de Ángel estaba desahuciada y se iba a morir de un momento a otro.

El diablito comprendió al verla que la lucha iba a ser mucho más difícil que la que había tenido con el maestro tartamudo y el hombre loco, puesto que ahora debía luchar contra la Enfermedad; y la Enfermedad es la hija predilecta de la Muerte. Y él, ¿qué era, sino un pobre diablito? Pero enseguida veremos si era tan pobre como él decía.

La Enfermedad, hemos dicho, es la hija preferida de la Muerte; y la más inteligente de sus hijas, aunque sea también la más callada, delgada y pálida. Cuando la muerte quiere llevarse consigo a una persona cualquiera del mundo, recurre a los descarrilamientos, naufragios, choques de automóviles; y, en general, a las muertes por sorpresa.

Pero cuando las personas elegidas por la Muerte son personas muy desconfiadas, que se quedan encerradas en casa, entonces la Muerte envía a su hija más callada e inteligente, y la Enfermedad entonces abre despacio la puerta y entra.

Explicado esto, comprenderemos que la Enfermedad que desde dos meses atrás quería llevarse a Divina (así se llamaba la hermanita de Ángel), no abandonara casi nunca el cuarto de la enferma. La Enfermedad entraba al caer la tarde, sin que nadie la viera. Dejaba el sombrero y los guantes sobre el velador; se soltaba el pelo, y se acostaba al lado de Divina, manteniéndose abrazada a ella. La enferma se agravaba entonces, tenía fiebre y delirio. A las ocho de la mañana la Enfermedad se levantaba, se peinaba otra vez, y se retiraba. Al atardecer volvía de nuevo; y nadie la veía entrar y salir.

Pues bien; apenas acababan de entrar en el cuarto Ángel y el diablito, cuando la Enfermedad llegó. Quitóse con pausa el sombrero y los guantes, y en el momento en que corría la sábana para acostarse, el diablito, rápido como el rayo, ató al tobillo de la Enfermedad una finísima cadena de diamante que había fabricado, y sujetó la otra punta a la pata de la cama. Y cuando la Enfermedad quiso acostarse, no pudo y quedó con la pierna estirada.

La Enfermedad, muy sorprendida, volvió la cabeza y vio al diablito sentado cruzado de piernas en el borde de una silla, que se reía despacio, con un dedo en la boca.

—¡Ja, ja! ¡No te esperabas esto, prima! —decía (el diablito.)

Y le decía también prima a la Enfermedad, porque los Hombres, los Diablos y la Enfermedad son primos entre sí.

Pero la Enfermedad había fruncido el ceño, porque estaba vencida. Ni aun intentaba siquiera sacudir la pierna, porque las cadenas de diamante que fabrican los diablos son irrompibles. El diablito había sido más fuerte que ella, y estaba vencida. No podía acostarse y abrazar más a Divina, y la enferma reaccionaría enseguida. Por lo cual dijo al diablito:

—Muy bien, primo. Has podido más que yo, y me rindo. Suéltame.

—¡Un poco de paciencia, prima! —se rió el diablito, jugando con la cola entre las manos.

—¡Qué apuro tienes! No te Soltaré si no me juras que no vas a incomodar más a Divina, que es hermana de mi primo Ángel, a quien quiero como a mí mismo.

¿Lo juras?

—Te lo juro —respondió la Enfermedad; y acto seguido el diablito la soltó. Pero en vez de desatar la cadena, la cortó entre los dientes.

Mas cuando la Enfermedad se vio libre, se sonrió de un modo extraño mientras volvía a peinarse; y dijo al diablito:

—Me has vencido primo. ¿Pero tú sabes que el que se opone, como tú, a los designios de mi madre la Muerte, pierde la vida él mismo? Has salvado a esa criatura, pero tú mismo morirás, por más diablito inmortal que seas. ¿Me oyes?

—¡Sí, te oigo! ¡Te oigo prima! —repuso el diablito—. Sé que voy a morir, pero no me importa tanto como crees. Y ahora, prima pálida y flaca hazme el favor de irte.

Así dijo el diablito. Y quince días después, Divina había recobrado completamente la salud, y las rosas de la vida coloreaban sus mejillas. Pero el diablito se moría: no hablaba, no se movía y estaba siempre en el jardín. En la casa sin embargo, no se sabía que la salud de Divina era debida al diablito, que había sacrifica do su propia vida por salvarla. Nadie, a excepción de Ángel; y Ángel, sentado en la arena, lloraba al lado del diablito moribundo; y le pedía que se dejara ver por su hermanita, para que Divina pudiera agradecerle, por lo menos, lo que había hecho por ella. Pues no olvidemos que el diablito era invisible para todos menos para Ángel.

El diablito, que se sentía morir, consintió por fin y Ángel salió corriendo a buscar a su hermanita, y volvió con Divina: la cual, al ver a aquel gracioso diablito tan bueno e inteligente, que se moría hecho un ovillito sobre la arena, sintió profunda compasión por él, y agachándose besó en la frente al diablito. Y apenas sintió el beso, el diablito se transformó instantáneamente en un hombre joven y buen mozo que se levantó sonriendo de un salto, y dijo:

—¡Gracias, prima!

—¿Quién había de imaginarse tal prodigio? Mas todo se explica, sin embargo, al saber que la hermana de Ángel no tenía ocho años sino diecisiete, siendo, por lo tanto, una hermosísima joven. Y desde que el mundo es mundo, el beso de una hermosa muchacha ha tenido la virtud de transformar a un diablo en hombre, o viceversa; pero esta reflexión es más bien para personas mayores.

El diablito debía morir como diablo, mas no como hombre; y he aquí por qué burló una vez más a la Enfermedad.

De más está decir que Divina y su nuevo buen mozo primo, se amaron enseguida. En cuanto a Ángel, pasados algunos años se hallaba una tarde sentado en el jardín, pensando con tristeza que ya no tendría como antes un diablito para ayudarlo en la vida. Cuando pensaba así, sintió al ex diablito, su primo y cuñado, que le ponía la mano en el hombro y le decía sonriendo:

—¡No te aflijas, primo! Ahora no precisas ayuda de nadie, sino de ti mismo. Mientras fuiste una criatura, yo te ayudé, pues aún no tenías fuerzas para luchar por la vida. Ahora eres un hombre; y la energía de carácter y corazón, primo, son los diablitos que te ayudarán.

## Amenodoro Urdaneta. Los tres ladrones

Tres ladrones estaban emboscados cierto día en una selva por donde pasaba un mercader que llevaba consigo sumas considerables y objetos de gran valor. Lo detuvieron, se apoderaron de cuanto llevaba, y por último lo mataron. Para celebrar el horroroso crimen que tanto provecho les traía, determinarán divertirse y hacer una comida opípara.

El más joven de los tres se encargó de ir a la ciudad inmediata a comprar vino, carne cuanto creían necesario.

Apenas se puso en camino, cuando los otros dos se dijeron:

—«Si fuéramos los dos solos los que hubiésemos de partir estos tesoros, de seguro tendríamos suficiente para vivir. Deshagámonos de ese otro cuando vuelva: luego que lo hayamos muerto, partiremos como hermanos, y nos iremos a vivir a otro país con nuestras riquezas.»

El tercer ladrón por su parte se decía:

—«Si yo pudiese desembarazarme de mis dos compañeros, ¡mío sería todo este dinero! Voy a envenenar el vino; beberán de él, se morirán de seguro, y ¡yo me quedaré con los tesoros del mercader! En efecto, compró sus provisiones, mezcló al vino un veneno violento, y regresó a donde estaban sus compañeros —apenas hubo llegado, se arrojaron los dos sobre él y le dieron de puñaladas. Se pusieron de seguida a comer; bebieron el vino envenenado, espiraron a pocos momentos en medio de atroces dolores. —¡Justo castigo de la Providencia! Nueva prueba de que los malos nunca pueden fiarse unos de otros.

## Teresa de la Parra. El genio del pesacartas

Esta era una vez un gnomo sumamente listo e ingenioso: todo él de alambre, paño y piel de guante. Su cuerpo recordaba una papa, su cabeza una trufa blanca y sus pies a dos cucharitas. Con un pedazo de alambre de sombrero se hizo un par de brazos y un par de piernas. Las manos enguantadas con gamuza color crema no dejaban de prestarle cierta elegancia británica, desmentida quizás por el sombrero que era de pimiento rojo. En cuanto a los ojos, particularidad misteriosa, miraban obstinadamente hacia la derecha, cosa que le prestaba un aire bizco sumamente extravagante.

Lo envanecía mucho su origen irlandés, tierra clásica de hadas, sílfides y pigmeos, pero por nada en el mundo hubiera confesado que allá en su país había modestamente formado parte de una compañía de menestreles o cantores ambulantes: semejante detalle no tenía por qué interesar a nadie.

Después de sabe Dios qué viajes y aventuras extraordinarias había llegado a obtener uno de los más altos puestos a que pueda aspirar un gnomo de cuero. Era el genio de un pesacartas sobre el escritorio de un poeta. Entiéndase por ello que instalado en la plataforma de la máquina brillante se balanceaba el día entero sonriendo con malicia. En los primeros tiempos había sin duda comprendido el honor que se le hacía al darle aquel puesto de confianza. Pero a fuerza de escuchar al poeta, su dueño, que decía a cada rato: «¡Cuidado! que nadie lo toque, que no le pasen el plumero. Miren qué gracioso es... ¡Es él quien dirige el va y ven de billetes y cartas!...» había acabado por ponerse tan pretencioso que perdió por completo el sentido de su importancia real —y esto al punto de que cuando lo quitaban un instante de su sitio para pesar las cartas le daban verdaderos ataques de rabia y gritaba que nadie tenía derecho de molestarlo, que él estaba en su casa, que haría duplicar la tarifa y demás maldades delirantes.

Pasaba pues los días, sentado en el pesacartas como un príncipe merovingio en su pavés. Desde allá arriba contemplaba con desdén todo el mundo diminuto del escritorio: un reloj de oro; un cascarón de nuez, un ramo de flores, una lámpara, un tintero, un centímetro, un grupo de barras de lacre de vivos colores, alineados muy respetuosamente alrededor del sello de cristal.

—Sí —decíales desde arriba—, yo soy el genio del pesacartas y todos ustedes son mis humildes súbditos. El cascarón de nuez es mi barco para cuando yo quiera regresar a Irlanda, el reloj está ahí para indicar la hora en que me dignaré dormir; el ramo de flores es mi jardín; la lámpara me alumbra si deseo velar, el centímetro es para anotar los progresos de mi crecimiento (mido ciento setenta milímetros desde que me vino la idea de usar calzado medioeval).

—No sé todavía qué haré con los lacres. En cuanto al tintero está ahí, no cabe duda, para cuando yo quiera divertirme echando redondeles de saliva.

Y diciendo así comenzaba a escupir dentro del tintero con una desvergüenza sin nombre.

—Eres un gran mal educado, protestaba el tintero. Si pudiera subir hasta allá, te haría una buena mancha en la mejilla y te escribiría en las espaldas con letras muy grandes «Gnomo malvado».

—Sí, pero como eres más pesado que el plomo con tu agua asquerosa de cloaca no pueden hacerme nada. Si me inclino sobre ti, quieras que no, tendrás que reflejar mi imagen.

Y su rostro en efecto aparecía en el fondo del brocal de cobre negro y brillante como el de un diablillo burlón.

Cuando su dueño se sentaba al escritorio, el gnomo tomaba un aire hipócrita y sonreía como diciendo: «Todo marcha bien. Puedes escribir lindísimas páginas, yo estoy aquí».

Entonces el poeta que era de natural bondadoso y que se engañaba fácilmente, miraba al genio con complacencia y colocando una barrita de incienso verde en el pebetero, la ponía a arder. El humo subía en finas volutas hacia el gnomo y le cubría la cabeza con su dulce caricia azulada. El diminuto personaje respiraba el perfume con alegría y se estremecía de tal modo que la balanza marcaba quince gramos en lugar de diez que era su peso normal, por lo cual deducía que el incienso era el único alimento digno de él, puesto que era el único que le aprovechaba.

Una noche en que dormía profundamente lo despertó una música muy suave. Eran dos pobres menestreles vestidos más o menos como él y del mismo tamaño que venían a darle una serenata: uno tocaba la guitarra cantando con expresión apasionada; el otro lo acompañaba tarareando con las dos manos sobre el corazón como quien dice: «qué divina música, nunca he sentido igual placer».

—¿Qué es esto? ¿Qué ocurre? —preguntó el gnomo frotándose los ojos con un puño furibundo—. ¿Quién se permite tocar y cantar de noche aquí en mi mesa?

—Somos nosotros —contestó el guitarrista con mucha dulzura—. Parece que has corrido con mucha suerte desde el día en que te fuiste de nuestra compañía ambulante. Eres hoy gran personaje... y ya vez, hemos hecho el viaje. Estamos muy cansados...

—En primer lugar, les prohíbo que me tuteen y en segundo término, ¡no los conozco! ¡Vaya broma!, yo, yo en una compañía de menestreles... ¿Están locos? ¡Largo, largo de aquí pedazos de vagabundos!

—Pero, de veras ¿no nos reconoce usted Monseñor?

Insistió el músico decepcionado. Éramos tres, acuérdese, y teníamos gran des éxitos... yo me ponía en el medio, mi compañero a la derecha y usted a la izquierda, bizqueando para que la gente se riera.

Tiene usted siempre la misma mirada. Tome, aquí tengo la fotografía que nos sacó un aficionado la víspera del día que usted se escapó.

Y desmontando la guitarra sacó un rollo de papel bromuro que extendió. Se veían en efecto los tres menestreles de cuero y alambre: el de la derecha era en efecto el genio del pesacartas.

—¡Ah! esto ya es demasiado —gritó exasperado—. No me gustan las burlas. Soy el genio del pesacartas y nada tengo que ver con mendigos como ustedes.

—Pero, Monseñor —respondió el guitarrista, a quien invadía una profunda tristeza—. Si no pedimos gran cosa; tan solo el que nos permita vivir aquí en su hermosa propiedad. Piense que hemos gastado en el viaje todas nuestras economías.

—Lo que me tiene muy sin cuidado.

—No lo molestaremos para nada. Tocaremos lindas romanzas.

—No me gusta la música. Además, los veo venir: harían correr ciertos ruidos perjudiciales a mi buen nombre, muchas gracias, mi situación es muy envidiada... Conozco cierto tintero que se sentiría encantado si pudiera salpicarme con sus calumnias. Arréglenselas como puedan, yo no los conozco.

—¿Es su última palabra?

Preguntaron los menestreles rendidos bajo tanta ingratitud.

—Es mi última palabra, concluyó el genio del pesacartas.

Y como los desgraciados músicos permanecieron aún indecisos y desesperados:

—¿Quieren ustedes marcharse enseguida, bramó, poniéndose de pie sobre el platillo, o llamo a la policía?

Pero en su exaltación, se resbaló, le faltó el pie y rodó, Soltando una horrible interjección, hasta ir a dar al fondo del tintero que se lo tragó.

Sin dar oídos a otros sentimientos que no fueran los del valor y la generosidad, los dos menestreles quisieron libertar al amigo de otros tiempos. Pero por desgracia el tintero que tenía muchas cuentas que cobrar, dejó caer su tapa con estrépito y los menestreles no pudieron ni moverla.

Al siguiente día cuando el poeta vio el desastre, comprendió lo ocurrido y sintió repugnancia por la ingratitud del gnomo. Después de haberlo extraído del pozo negro y después de haber tratado en vano de limpiarlo, no sabiendo qué hacer con él y no queriendo tirarlo a la basura, lo metió en el fondo de una gaveta.

En su destierro, el gnomo de cuero no ha perdido su orgullo. Continúa deslumbrando con sus cuentos fantásticos a la gente del nuevo medio social: un pisapapeles roto; una concha de tortuga y un rollo de viejas facturas.

—Cuando yo reinaba en el pesacartas, era yo quien hacía llegar los telegramas. Pero un día, un loco me arrojó en un tintero...

En cuanto a los dos menestreles, el poeta los ha colocado sobre un gran ramo de follaje. Parecen dos pájaros de colores en un bosque virgen y allí cantan el día entero de un modo encantador.

# Libros a la carta

A la carta es un servicio especializado para
empresas,
librerías,
bibliotecas,
editoriales
y centros de enseñanza;
y permite confeccionar libros que, por su formato y concepción, sirven a los propósitos más específicos de estas instituciones.

Las empresas nos encargan ediciones personalizadas para marketing editorial o para regalos institucionales. Y los interesados solicitan, a título personal, ediciones antiguas, o no disponibles en el mercado; y las acompañan con notas y comentarios críticos.

Las ediciones tienen como apoyo un libro de estilo con todo tipo de referencias sobre los criterios de tratamiento tipográfico aplicados a nuestros libros que puede ser consultado en Linkgua-ediciones.com.

Linkgua edita por encargo diferentes versiones de una misma obra con distintos tratamientos ortotipográficos (actualizaciones de carácter divulgativo de un clásico, o versiones estrictamente fieles a la edición original de referencia).

Este servicio de ediciones a la carta le permitirá, si usted se dedica a la enseñanza, tener una forma de hacer pública su interpretación de un texto y, sobre una versión digitalizada «base», usted podrá introducir interpretaciones del texto fuente. Es un tópico que los profesores denuncien en clase los desmanes de una edición, o vayan comentando errores de interpretación de un texto y esta es una solución útil a esa necesidad del mundo académico.

Asimismo publicamos de manera sistemática, en un mismo catálogo, tesis doctorales y actas de congresos académicos, que son distribuidas a través de nuestra Web.

El servicio de «libros a la carta» funciona de dos formas.

1. Tenemos un fondo de libros digitalizados que usted puede personalizar en tiradas de al menos cinco ejemplares. Estas personalizaciones pueden ser de todo tipo: añadir notas de clase para uso de un grupo de estudiantes, introducir logos corporativos para uso con fines de marketing empresarial, etc. etc.

2. Buscamos libros descatalogados de otras editoriales y los reeditamos en tiradas cortas a petición de un cliente.